Manual de diseño social 1.1

Manual

de

diseño social 1.1

Armas de construcción masiva

Autores:

María Hidalgo Rudilla

Valeria Hiraldo Cuevas

Maquetación

Hernán A. Castellanos Canosa

disenosocial.org

Este libro esta dedicado a todas aquellas mentes inquietas, pequeños emprendedores, soñadores y críticos, que nos inspiráis cada día.

Pero sobre todo a nuestros padres, por enseñarnos a creer en nuestros sueños.

DISENOSOCIAL.ORG

Diseño Social EN+ es una ONG sin ánimo de lucro que trabaja en el ámbito internacional para la difusión y mejora del desarrollo de la comunicación y el diseño social.

El Diseño Social EN+ está basado en la creación de nuevas plataformas de comunicación que huyen de la simple protesta para buscar soluciones a través del diseño. Nuestras intervenciones buscan fomentar la comunicación positiva de interacciones que implican la creación de proyectos basados en la creatividad, empatía y sinergia.

Para alcanzar este objetivo, trabajamos en la integración entre diseñadores con inquietudes sociales y ONGs para ayu-darles a mejorar la calidad de sus comunicaciones, ya sea desde la formación, el asesoramiento o el trabajo directo con las organizaciones.

Junto al desarrollo de proyectos para ONG's, EN+ sigue una línea de análisis e investigación para la mejora de la comunicación y el diseño social generando grupos de investigación.

Nuestros alumnos tienen un perfil muy marcado: buscan hacer del mundo un lugar mejor a través de sus proyectos e iniciativas de emprendimiento e innovación social.

@disenosocialorg

// cómo usar este libro

en+

Se encuentra ante un manual práctico. Un libro que no está planteado para el debate filosófico o intelectual, sino como guía para poner en práctica fórmulas de cambio social. En este libro no encontrará soluciones o fórmulas cerradas, tan solo herramientas para que cada lector pueda diseñar sus propias alternativas.

Ha sido creado gracias a un proceso de cocreación en el que se han querido rescatar el mayor número de puntos de vista y aportaciones. Todas las aportaciones van firmadas por su autor exceptuando los textos que han sido creados por el equipo de **Diseño Social EN+.**

Cada página puede ser mejorada, complementada o directamente tachada por las aportaciones que realicen cada uno de los lectores que accedan a él. El objetivo es poder editar un Manual de Diseño Social 2.0. De este modo, los temas aquí planteados podrán ser actualizados una vez puesto en práctica lo aprendido en esta primera edición, analizado éxitos y fracasos, planteando alternativas y cocreando nuevas propuestas entre todos sus lectores.

Para ello, hemos puesto a disposición de todos los lectores una cuenta de correo electrónico donde recogeremos todas las críticas, sugerencias y aportaciones para el texto e imágenes de la edición 2.0: manual@disenosocial.org

Maria Hidalgo Rudilla
Culpable en última instancia de esta locura

// los siete grandes
temas que encontrará en este manual

01 DISEÑO

El diseño se define como el proceso previo de configuración mental, «pre-figuración», en la búsqueda de una solución en cualquier campo.

El verbo «diseñar» se refiere al proceso de creación y desarrollo para producir un nuevo objeto o medio de comunicación (objeto, proceso, servicio, conocimiento o entorno) para uso humano.

02 COMUNICACIÓN

Comunicación Social es un campo de estudios interdisciplinarios que investigan la información y la expresión, los medios de difusión masivos y las industrias culturales. Sus conceptos teóricos provienen primordialmente de la sociología.

Los medios de comunicación sociales o simplemente medios sociales (social media en inglés), son plataformas de comunicación en línea donde el contenido es creado por los propios usuarios mediante el uso de las tecnologías de la Web 2.0, que facilitan la edición, la publicación y el intercambio de información.

03 ARTIVISMO

Artivist (artivista en castellano) es una palabra que combina «arte» y «activismo». El artivista se encuentra involucrado muchas veces en arte callejero o en arte urbano, manifestándose en contra de las publicidades (adbasting - subvertising).

Un típico objetivo a corto plazo para artivistas es reclamar espacios público, especialmente subvertando o reinterpretando publicidades en el ámbito urbano o sistemas de transportes de ciudad.

También podemos encontrar diseñadores o artistas artivistas comprometidos en diferentes medios de comunicación como internet.

04 ECONOMÍA SOCIAL

La economía social designa a una parte de la realidad social diferenciada tanto del ámbito de la economía estatal del sector público como de la economía privada de naturaleza capitalista.

En España el concepto de economía social es ampliamente reconocido en la actualidad. Sin embargo, presenta diferencias de contenido según se expresen los especialistas del ámbito científico, los poderes públicos en sus políticas, normas y discursos, o los profesionales del sector, especialmente sus estructuras representativas.

05 PROCOMÚN

Se denomina bien comunal, bien común o procomún (de pro, provecho, y común) a un determinado ordenamiento institucional , en el cual la propiedad está atribuida a un conjunto de personas en razón del lugar donde habitan y que tienen un régimen especial de enajenación y explotación. De esa forma, ninguna persona individual tiene un control exclusivo sobre el uso y la disposición de un recurso particular bajo el régimen de procomún.

06 EDUCACIÓN

Diferenciamos tres tipos de educación: la formal, la no formal y la informal. La educación formal hace referencia a los ámbitos de las escuelas, institutos, universidades, módulos, mientras que la no formal se refiere a los cursos, academias, e instituciones que no se rigen por un particular currículo de estudios, y la educación informal es aquella que fundamentalmente se recibe en los ámbitos sociales, pues es la educación que se adquiere progresivamente a lo largo de toda la vida.

ALGUNAS DE LAS COSAS QUE NO ENCONTRARÁS EN ESTE MANUAL

Fórmulas cerradas
Verdades absolutas
Secretos mágicos
Pensamientos objetivos

07 SOSTENIBILIDAD

En ecología, sostenibilidad se describe cómo los sistemas biológicos se mantienen diversos y productivos con el transcurso del tiempo. Se refiere al equilibrio de una especie con los recursos de su entorno. Por extensión, se aplica a la explotación de un recurso por debajo del límite de renovación del mismo. Desde la perspectiva de la prosperidad humana, la sostenibilidad consiste en satisfacer las necesidades de la actual generación sin sacrificar la capacidad de futuras generaciones de satisfacer sus propias necesidades.

Sonia & Gabriel
unmundofeliz2.blogspot.com
pictipiabook.blogspot.com

11

manual

de

manual de

Diseño

Social

diseño

social

"Diseño Social somos tú y yo"

Diseño: Jordi Cervera (Benidorm)
facebook.com/jordibenidorm

Manual

de

diseño social 1.1

Armas de construcción masiva

// está todo por hacer

Aún está todo por hacer. Somos optimistas con respecto al futuro y creemos que esta nueva generación puede romper esta crisis moral que nos conducía a una ruptura entre lo que somos y lo que hacíamos para ganarnos la vida. Una educación y una vida laboral que nos condenaba a una vida de inconsciencia y evasión.

Esta nueva etapa reclama un nuevo tipo de líder. Los más jóvenes han crecido conectados y son el futuro. Esto es algo muy interesante porque es la primera vez en la historia de la humanidad en que los jóvenes tienen autoridad en algo realmente importante; saben más que sus padres sobre Internet y ordenadores. Tienen las aptitudes y el conocimiento necesario para poder liderar esta revolución social y económica.

Tal vez sea posible, con la tecnología moderna, que las organizaciones y las sociedades compartan una perspectiva e, incluso, una especie de conciencia colectiva, un estado consciente, informado, preocupado e intencional. Si una organización adquiere una conciencia colectiva, quizá pueda aprender.

Las llamadas «organizaciones de aprendizaje» representan un nuevo modelo de interconectividad consciente. La capacidad de aprender dinámicamente como organización podría ser la clave para llevar a cabo la transición desde los modelos industriales de creación de valor, ya obsoletos, hasta los nuevos modelos de emprendimiento social.

Ya tenemos el conocimiento y las herramientas. Solo queda el valor de poner en práctica lo aprendido. El valor de actuar en lugar de reaccionar ante los nuevos cambios sociales. Cambiar los paradigmas y emprender. Si necesitas ayuda, tan solo escríbenos y vemos cómo diseñar juntos un proyecto social.

Fotografía de Juan Lemus

«El cambio social en positivo será inversamente proporcional al protagonismo que adquiera el ego en nuestras acciones. La sonrisa de quienes han mejorado su bienestar gracias a nuestros proyectos, el mejor premio.»

Reflexión aportada por Xavi Chamorro

MI PROYECTO

A veces creemos que para cambiar el mundo es necesario crear un proyecto tan grande que no podemos realizarlo. Vemos la gran escalera ante nosotros, retándonos, y decimos: imposible.

Pero si prestamos atención, cada escalera se compone de pequeños escalones a los que sí podemos hacer frente.

Cada camino se compone de pasos que debemos, podemos y sabemos dar. Muchas veces, al plantear nuestros proyectos, vemos la escalera a la que queremos enfrentarnos pero olvidamos esos pequeños escalones que la componen.

Tan solo hay una cosa que nos podría impedir subir cada uno de esos escalones: el miedo.

6 COSAS QUE UN EMPRENDEDOR DEBE SABER

① LOS TIEMPOS SON MALOS PERO LAS BUENAS IDEAS **TRIUNFAN** AQUÍ AHORA Y EN LA CHINA.

② PREPÁRATE PARA **TRABAJAR DURO.** CADA MINUTO DE TU TRABAJO MERECERÁ LA PENA.

③ QUE NO TE MOTIVE **EL DINERO.** SI CREES QUE TE VAS A HACER RICO TE FRUSTARÁS A LA PRIMERA DE CAMBIO.

④ PONTE MÚSICA **BUENROLLERA** PARA TRABAJAR Y PÍNTATE EN LA CARA LA MEJOR DE **TUS SONRISAS.**

⑤ ESCUCHA A QUIEN TE ANIMA A LOS QUE TE DICEN QUE NO ERES CAPAZ DILES. **"MIRA CÓMO LO HAGO"**

⑥ CREE EN LO QUE HACES. LO QUE HACES SÓLO ES POSIBLE SI LO HACES CON **PASIÓN.**

mr. wonderful*

Puedes encontrar más wonderconsejos en: http://muymolon.com/category/wonderconsejos

15

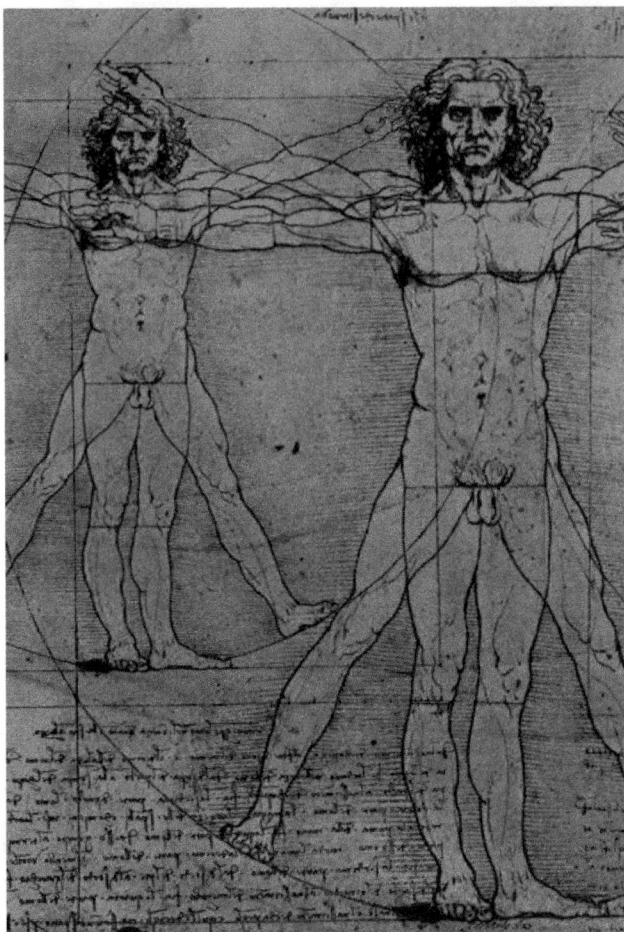

Hombre de Vitruvio, dibujo de Leonardo da Vinci.

Paloma Justicia González
El coche de Salama
sradegafasazules.blogspot.com.es
La foto fue tomada en los Campamentos de Refugiados Saharauis en abril del 2009. Salama, un niño saharaui de siete años se construyó este cochecito con latas, trozos de melfas, palos y todo lo que iba encontrando. Puro diseño y creatividad que nos hace reflexionar sobre lo poco que se necesita a veces para crear y soñar.

// homo diseñador

Diseño se define como el proceso previo de configuración mental (pre-figuración) en la búsqueda de una solución aplicada a cualquier campo aunque es utilizado habitualmente en el contexto de la industria, ingeniería, arquitectura, comunicación y otras disciplinas creativas.

Etimológicamente «diseño» hace referencia a la visión representada gráficamente del futuro.

Diseñar es plasmar el pensamiento de la alternativa mediante esbozos, dibujos, bocetos o esquemas trazados en cualquiera de los soportes, durante o posteriores a un proceso de observación o investigación. Es encontrar soluciones.

El acto intuitivo de diseñar podría llamarse creatividad como acto de creación o innovación si el objeto no existe o se modifica algo existente. Puede realizarse a través de la inspiración, abstracción, síntesis, ordenación o transformación.

Centrándonos en la idea de signo, significación, designar es diseñar el hecho de la solución encontrada. Es el resultado de la conjunción de recursos materiales, la forma, la transformación y el significado implícito en la obra.

Diseñar es una tarea compleja y dinámica. Es la integración de requisitos técnicos, sociales y económicos, necesidades biológicas, ergonomía con efectos psicológicos y materiales, forma, color, volumen y espacio, todo ello pensado e interrelacionado con el medio ambiente que rodea a la humanidad. De esto último se puede desprender la alta responsabilidad ética del diseño y los diseñadores a nivel mundial.

Desde esta perspectiva, el diseño puede conceptualizarse como un campo de conocimiento multidisciplinario, que implica su aplicación en distintas profesiones, que puede ser estudiado, aprendido y, en consecuencia, enseñado. Está al nivel de la ciencia y la filosofía, dado que su objetivo está orientado a estructurar y configurar contenidos que permitan ser utilizados para ofrecer satisfacciones a necesidades específicas de los seres humanos.

El acto humano de diseñar puede ser arte. No es un hecho artístico en sí mismo, aunque puede valerse de los mismos procesos en pensamiento y los mismos medios de expresión como resultado. Es un ejercicio mental y social en sí mismo.

El diseño también es una actividad técnica y creativa encaminada a idear un proyecto útil, funcional y estético.

Integrar mediante diseños innovadores orientados al usuario, facilitar el cambio hacia un mundo más acogedor y tolerante, hacer más sostenibles las vidas, los horarios, las viviendas, las ciudades y los transportes... Todo lo que el diseño pueda aportar. Todo aquello que nos haga el mundo más accesible sin dañarlo: es diseño social.

LOS DISEÑADORES TIENEN UNA DOBLE OBLIGACIÓN; CONTRACTUALMENTE CON SUS CLIENTES Y MORALMENTE CON LOS USUARIOS Y DESTINATARIOS FINALES DE SU TRABAJO.
HANS HÖGER

VICTOR PAPANEK 1928-1998

//diseñar para el mundo real

«LA CUESTION DE LA ECOLOGIA COMO UNA PRIORIDAD DE BASE SOCIAL PIDE QUE EL DISEÑO Y LA PLANIFICACION CONSIDEREN LA SOSTENIBILIDAD Y LA JUSTICIA SOCIAL COMO CONDICIONES RECIPROCAS, ES DECIR, QUE SALVAR EL PLANETA Y SALVAR LA COMUNIDAD SE CONVIERTAN EN UNO, SEAN INSEPARABLES.»

Fuente de la imagen: http://layoffthecraic.files.wordpress.com/2012/03/victor-papanek-title-page-quote.jpg

http://papanek.org

Victor Papanek - (1927-1998)

Víctor Papanek fue diseñador, educador y el principal defensor del diseño social y ecológico.

Su ideas se anticiparon a movimientos actuales como son la ecología y sostenibilidad aplicada al diseño, la cocreación, el *crowdfunding*, el movimiento *Peer-to-peer* (P2P), la transparencia de los procesos, el procomún, o el concepto wiki. Trataremos cada uno de estos conceptos durante el desarrollo de este manual.

Sus productos, textos y conferencias colectivamente eran considerados un ejemplo y un estímulo por muchos diseñadores, ya que Papanek conceptualizaba la función del diseñador para el rol social.

Papanek ha sido uno de los grandes filósofos del diseño, el promotor elocuente del diseño crítico y los acercamientos que han permitido la sensibilización hacia consideraciones sociales y ecológicas por parte de diseñadores de todo el mundo.

El diseño es el acto de ordenar los elementos que se disponen en un contexto determinado. De esta manera si el contexto es lo social y lo ecológico, estamos rotundamente atrapados si dejamos que prime el concepto de economía sobre estos.

Aporta para el diseño actual una serie de elementos y conceptos que en nuestro tiempo se están debatiendo y tratando de una manera urgente, ya que en la actualidad hace falta una iniciativa sociocultural destinada a diseñar alternativas a nuestra forma actual de producir y consumir objetos y servicios.

Nos enseña que la antropología va ligada con el diseño: conocer la propia cultura, aprender de otras, comprender sus necesidades y encontrar a través del diseño soluciones para ellas.

La esperanza que nos queda como diseñadores es crear juntos nuevos espacios contextuales, nuevas dinámicas, ser innovadores con nosotros mismos, ser la solución verdadera a las necesidades de las clases más poderosas cegadas de un producto elitista y de un gusto muy maleable.

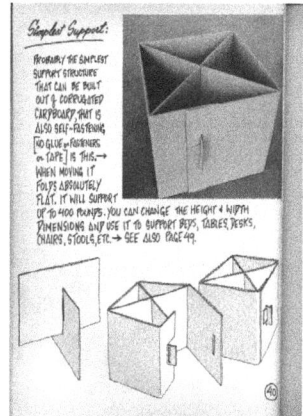

Algunos detalles de sus principales libros

Por fin parece que va asentándose una noción o acepción del 'diseño' que respecto a lo social, es incluyente y articuladora del potencial de las personas para motivarse y solucionarse los problemas y retos colaborativamente. Creo que este libro es un gran paso en la buena dirección para ello, un ejemplo práctico y ¡retroalimentado!

Enric Senabre | @esenabre

// todos somos diseñadores

Diseñar debe ser, en esencia, crear soluciones. Según este concepto, se debe revalorizar el diseño «vulgarizándolo» e introduciéndolo en el seno de la sociedad para devolverle su verdadera función social. Diseñar para crear una solución a una necesidad, no diseñar para crear una nueva necesidad.

Actualmente, las ideas de Víctor Papanek son seguidas por muchos teóricos del diseño muy críticos con la sumisión de esta disciplina a los mercados. Entre ellos destaca John Thackara, el cual considera visionaria la obra de Papanek.

El concepto de Papanek está basado en la idea de que el diseño es un atributo básico del ser humano. Para él, la formación y el trabajo del diseñador deben ser desmitificados y rescatados de las garras de una elitista concepción del diseño y de la comunicación comercial.

Sir Ken Robinson nos enseñó que todos nacemos con el talento de diseñar o darles nuevas formas a algo que ya existe. Lo único que tenemos que descubrir es nuestro «elemento». Si no lo hacemos, tarde o temprano a la mayoría se nos olvida o nos volvemos algo cobardes a la hora de experimentar.

Sin embargo, hoy en día la corriente del diseño busca generar soluciones desde los entornos accesibles e incluye la cocreación y el aprendizaje compartido.

Al vivir en comunidad y estar interconectados nos encontramos ante las interacciones sociales todos los días. No estamos solos en una isla desierta. No podemos dejar de ser seres sociales que son influidos por la realidad que les rodea, pero que también pueden influir en ella.

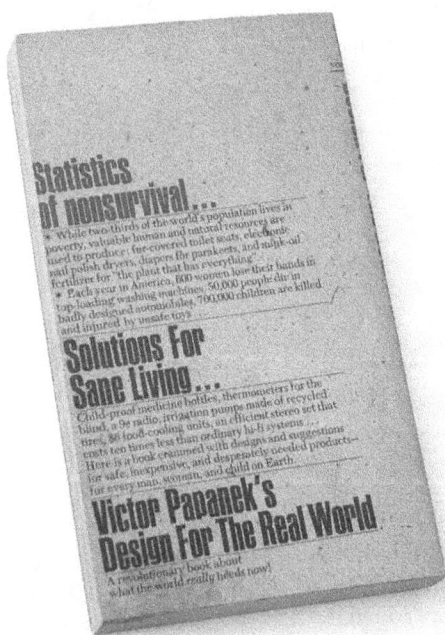

PAPANEK, Victor (1971). *Diseño para el mundo real: Ecología humana y cambio social*

PEACE · WHAT THE PEOPLE REALLY NEED:
CLEAN AIR CLEAN WATER
FREEDOM & EQUALITY
REAL LIGHT
HOUSING · COOKING STONES
A CLEAN LANDSCAPE · FOOD · FOOD STORAGE
CLOTHING · TRANSPORT · ETC.
EDUCATION
"WORK": ACTIVITY WITH MEANING
PARTICIPATION IN MAKING GOALS FOR SOCIETY AND THEMSELVES · CHILDREN
HEALTH [MENTAL & PHYSICAL]

We want to create a world in which love is more possible!

"THE HOTTEST PLACES IN HELL ARE RESERVED FOR THOSE WHO, IN A TIME OF GREAT CRISIS, MAINTAIN THEIR NEUTRALITY." JFK

"IF EVENTUALLY, WHY NOT NOW VI?"

WATCHING SPORTS
BUYING EXPENSIVE SPORTS GEAR

WHAT THE PEOPLE REALLY WANT:
THE LATEST FASHION: MIDI, MINI, MAXI, MICRO, EPISCOPAL, PRESBYTERIAN, UNITARIAN, CHURCH OF CHRIST, CHEVELLE, OPEL-GT, LIBERAL, BLACK CAPITALISM, JAPANESE, CULTURAL MORPHOLOGY, ZEN, STRUCTURAL LINGUISTICS, MIES, BUCKY, CORBU, McLUHAN, PLAYBOY, FREE PRESS, "MAD!" CINCINNATI-DOUBLES, "ACID'S GROOVY—KILL THE PIGS!" ECOLOGY, NATIONAL GROSS PRODUCT, "LOVE IT OR LEAVE IT."

CLOTHING · FURNITURE · LIFE-STYLES · MUCH ELSE

SCHOOLS THAT TEACH A FEW TO KEEP SOCIETY AS IT IS NOW
SCHOOLS THAT TEACH MANY HOW TO WORK WITHOUT BITCHING

"CIRCUSES": RADIO-TV-FILMS, MAGAZINES, FATHER MANSON, THE CHICAGO 7 and/or/ok VATICAN II, ETC.

A "STEADY" JOB WITH A GOLD WATCH AFTER 50 YEARS
A ZIPPY, SEXY, GROOVY CUTASS-KT SPORTS CAR
A DISTINGUISHED AUTOMOBILE
A NEAT VAN IN WHICH TO DO YOUR OWN THING

WHAT THE PEOPLE ARE TOLD THEY NEED & WANT:
PATRIOTISM & "NATIONAL PRIDE"
"LAW & ORDER"
"MY HOME IS MY CASTLE": MUNICIPAL, OLD-FASHIONED HOUSES THAT ARE "ROMANTIC" SENTIMENTALIZED, EXPENSIVE, BADLY BUILT, UGLY & WIRE-TAPPED
"CONVENIENCE FOODS": FROZEN, DEHYDRATED, PRE-CHEWED VITAMINS, FLAVOR, COLOR, NUTRIENTS ASHELL ADDED ARTIFICIALLY

"TOKENISM"
SOCIETY DOES A SMALL PART OF WHAT NEEDS DOING, IN ORDER TO KEEP THINGS AS THEY ARE.

HOW FALSE GOALS ARE ACHIEVED:
TV · RADIO · FILM · BOOKS · MAGS · NEWSPAPERS
PUBLIC RELATIONS
THE CHURCH
POLITICAL PARTIES
ADVERTISING & PROPAGANDA · GAME SHOWS
MILITARY TRAINING
THE WAY IN WHICH SPORTS ARE TAUGHT · COMPETITION · AT WORK · PRIZES · SCHOOLS
WAR · VIOLENCE · "MOTHER WILL LOVE YOU, IF...." · NOT ENOUGH TEAM WORK, "THE CULT OF PERSONALITY"
STATUS · MONEY PROFIT REWARDS
JOBS

IS A MALE PRIMROSE SEX-LIFE (WHICH IS REALLY THE BASIC BIOLOGICAL RIGHT OF EVERYONE) THE GOAL FOR WHICH ESTABLISHED SOCIETY WANTS ITS YOUNG PEOPLE TO FIGHT? SO THAT THEY WON'T FIGHT FOR NEEDED REFORMS? IS SEX A SORT OF BISMARCKIAN TOKENISM OF THE 70'?

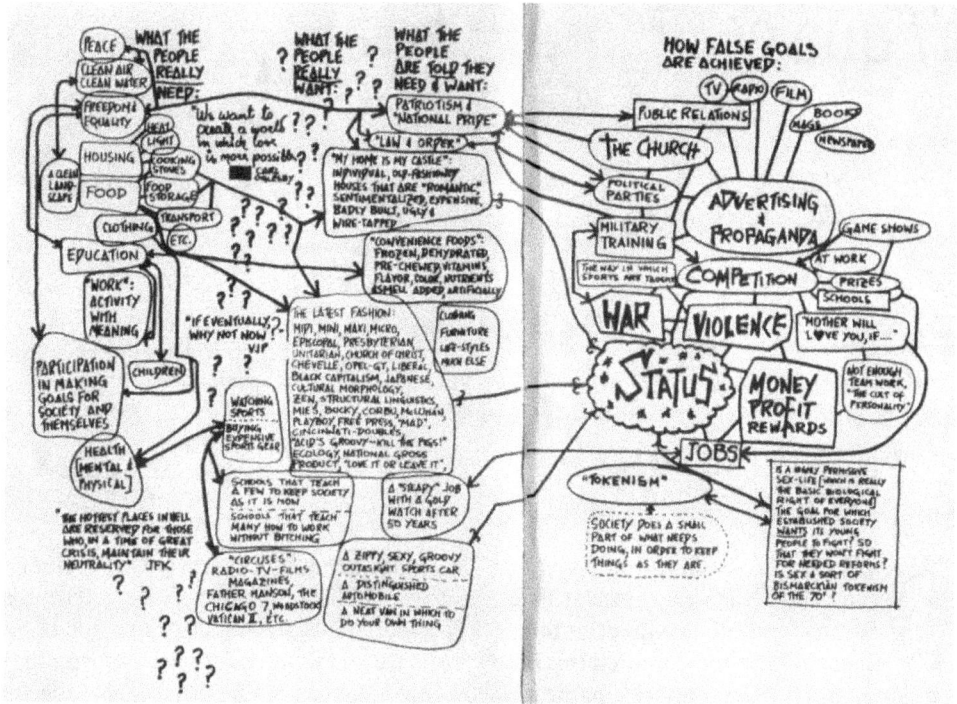

Debemos ser conscientes del hecho de que tenemos la oportunidad de elegir las acciones en la vida cotidiana. Tenemos la opción entre seguir los mismos hábitos, las costumbres y los senderos que marcamos en el pasado, cambiarlos por otros o diseñar nuevos caminos. Para nosotros este es el diseño social, ¿cómo podemos, desde nuestra pequeña realidad, diseñar nuestro mundo?

En la era de la información, la interconexión y las redes sociales, en el ámbito del diseño también necesitamos profesionales pero también de gente que lo aplique en todas las facetas de su vida: artesanos, ilustradores, diseñadores, arquitectos, ecologistas, escritores, campesinos, periodistas, amas de casa... También necesitamos una formación «social y cívica» mínima para que las ideas se encaucen y no queden en meros pensamientos pasajeros.

Hay múltiples formas de hacerlo y nuevas metodologías para aplicar y revisar a cada paso. También la experiencia de personas creativas en su día a día. Pero lo más importante quizás, es no olvidar que todos, absolutamente todos, formamos parte activa del mundo que pisamos. Las posibilidades de rediseñar el mundo son infinitas pero tienen un paso previo indispensable: rediseñar nuestra forma de pensar.

DISEÑA TODO AQUEL QUE DESARROLLA UN CURSO DE ACCIONES DESTINADAS A TRANSFORMAR UNA SITUACIÓN EXISTENTE EN UNA SITUACIÓN PREFERIBLE

// qué es diseño social

Diseñando felicidad
Sergio Erro González

Unidos en el diseño
Sergio Erro González

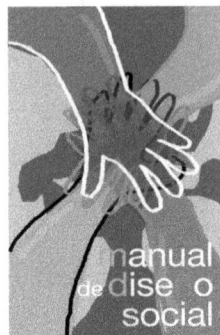

Diseño Social **es un término vivo, en evolución. Nace en contraposición del concepto de diseño orientado a fines meramente comerciales. Pero no tienen porqué ser términos opuestos.**

Para algunos analistas, a «Diseño Social» le sucede lo mismo que al término «Paz». Cuándo intentamos buscar la mejor definición para «Paz» nos suele venir a la mente la respuesta: «ausencia de guerra». Pero la Paz merece ser descrita por sus atributos propios. De igual modo, «diseño social» debe ser un término que construyamos desde su propia realidad y no en contraposición al diseño orientado a fines comerciales.

Necesitamos explorar qué conceptos y métodos podemos aplicar a soluciones concretas, así como qué tipo de metodología debe sustentar el diseño social. Sin fórmulas cerradas.

Estamos interesados en:
- ¿Cómo y por qué hacer diseño y comunicación social?
- ¿Qué diseñadores están haciendo y qué?
- ¿Qué motiva a los creadores a unirse y compartir experiencias y proyectos?
- ¿Cómo se diseña el cambio social?

El concepto de «Diseño social» se puede utilizar indistintamente entre diferentes disciplinas. Algunos lo utilizan como el diseño de un mundo mejor y más sostenible, y otros se refieren al proceso basado en una metodología de diseño participativa o social.

Nuestro trabajo en la asociación intenta seguir ambas direcciones. Para EN+, «diseño social» es aquel que lleva integrado una solución como componente clave, no como un complemento o un producto derivado. «Diseño social» debe ser usado por tanto, cuando su aplicación es la clave para hacer que las cosas sucedan.

De igual modo, «diseño social» se puede definir como el diseño de plataformas y procesos que lleva a la gente a participar y contribuir en la creación de una solución buena para el grupo, que sea mejor que la solución que hubieran aplicado con un interés individual.

El mundo actual es un mundo de productos que van desde lo funcional a lo meramente estético. Muchos artículos que vemos en el mercado no solo tienen una función práctica sino también un valor añadido, que normalmente atribuye el marketing utiliza-

do por la marca. La gran mayoría de estos artículos responden al modelo de consumo capitalista que genera y abastece de necesidades de consumo.

El principal fin de la producción de objetos es hacer crecer el capital de la industria y las marcas sobre todas las cosas, sin importar si se atenta contra el medio ambiente, si se explota a los trabajadores, si se desplaza a pequeños productores y a la economía local e incluso, sin importar la calidad de esos productos. No lo tienen en cuenta los productores pero tampoco, y en esto tenemos gran parte de la culpa todos, lo tenemos en cuenta los compradores.

El diseño industrial es una herramienta muy poderosa que puede ser esclava de las grandes empresas y crear necesidades en el público consumidor, también puede resolver problemáticas dentro de un contexto social. A esto último se le llama diseño social, y su principal objetivo, a diferencia del diseño mercantil, es contribuir a hacer un mundo mejor para todos.

El diseño es por esencia una herramienta que mediante el desarrollo de objetos o servicios debe mejorar la calidad de vida de las personas, por lo que nos sorprende y preocupa la ausencia del diseño industrial orientado a esa parte del mundo que más lo necesita.

Como también suele pasar en el resto de ámbitos, hemos estigmatizado de tal manera a los grupos más pobres, que durante años el diseño indutrial los ha considerado como «no consumidores de valor» y, por tanto, ajenos a recibir nuestros servicios. Durante décadas nos han enseñado que el diseño, en general, es una disciplina refinada, depurada, cercana al arte y a las clases económicas media y alta.

Revisando la historia de los grandes diseñadores nos encontramos con una extensa lista de iconos del diseño que repetitivamente han proyectado fielmente más de lo mismo sobre los mismos de siempre. Es en este contexto en el que cada alumno que accede a las «escuelas de diseño y creatividad oficiales», aprende a valorar la sensibilidad estética sobre la ética, a sobrevalorar productos de poco valor, a transformar mentes libres y soñadoras en esclavos de nuestro sistema de producción insostenible y alejando sus inquietudes de consumo del cambio social innovador.

// diseñar para el otro 90%

"OUT OF POVERTY teaches us to think simple. Paul Polak brings forward ideas and solutions that bypass government agencies and other leaden institutions. Ideas that work!" —PAUL NEWMAN

PAUL POLAK

OUT OF POVERTY

WHAT WORKS WHEN TRADITIONAL APPROACHES FAIL

S e necesita una revolución en el mundo del diseño para llegar a el otro 90%. En cierto modo, esta revolución ganó impulso en Nueva York, cuando el Museo Cooper-Hewitt acogió la primera exposición sobre Diseño para el otro 90% a fin de demostrar cómo el diseño puede ser una fuerza dinámica para salvar y transformar vidas, en nuestro propio país y en todo el mundo.

Durante años el diseño indutrial ha considerado estos retos como «no consumidores de valor» y por tanto, ajenos a sus inquietudes de desarrollo.

Recomendamos la lectura de: *Out of poverty, what works when traditional approaches fail*

«Del total de 6.500 millones de habitantes del planeta, 5.800 millones, el 90 %, tienen escaso o nulo acceso a la mayoría de los productos y servicios que muchos de nosotros damos por sentados; de hecho, casi la mitad no pueden acceder de forma habitual a alimentos, agua potable o cobijo», afirman en la web other90.cooperhewitt.org.

A pesar de ello, «la mayoría de los diseñadores de todo el mundo centran sus esfuerzos en desarrollar productos y servicios para el 10 % más rico de los clientes mundiales», sostiene el doctor Paul Polak, psiquiatra, emprendedor, filántropo y fundador de International Development Enterprises (IDE).

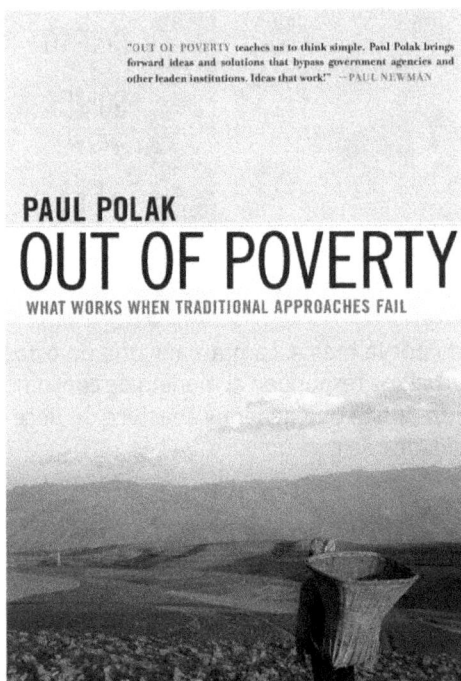

OTRAS VISIONES

Para el diseñador colombiano Jóse Argotty, «Diseño Social» tiene diferentes interpretaciones según el campo en donde se utilice. Considera que son los o el creativo proyectando diseño responsable a partir del entendimiento de un grupo social, y que además de manejar las habilidades normales y mínimas (técnicas y artísticas), se zambulle en otros saberes como los culturales y sociales, para comprender el entorno y dar soluciones o respuestas coherentes con el mismo.

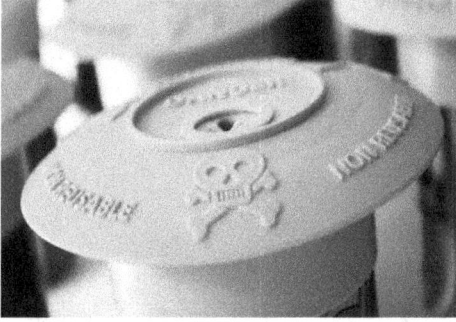

Antivirus de Hân Pham
Tapa para latas con la que desechar de manera adecuada agujas de jeringas.
yellowone.dk

Eliodoméstico
Horno solar de cerámica muy sencillo de usar y que purifica el agua salada.
gabrielediamanti.com

Adaptative Eyewear
Anteojos que se pueden regular introduciendo fluido entre dos paredes de vidrio, posibilitando la gradación sin necesidad de equipos caros u optometristas.
adaptive-eyewear.org

Hippo Water Roller
Facilitar la carga de agua desde pozos o ríos en comunidades en las cuales el acceso a este recurso es difícil y requiere mucho tiempo y esfuerzo.
hipporoller.org

Life Straw
Filtra el 99% de las bacterias y el 98% de los virus que se encuentran en aguas contaminadas.
vestergaard-frandsen.com/lifestraw

25

// un alumno = un proyecto

Junto al desarrollo de proyectos para ONG's, Diseño Social EN+ sigue una línea de análisis e investigación para la mejora de la comunicación y el diseño social generando grupos de investigación y cursos de formación online especializados en el diseño y la comunicación social. Nuestro objetivo: que cada alumno ponga en práctica un pequeño proyecto social innovador y creativo como trabajo fin de curso.

Para ello creamos diferentes grupos de investigación y análisis que durante un año previo al lanzamiento del curso desarrollaron un estudio en innovación aplicada al cambio social. Los resultados de ese estudios se implementaron en la creación del curso online: «Comunicación & Diseño Social». El objetivo era crear un curso muy completo (250 horas) pero que a su vez, fuera accesible para todos (25€). No fue fácil, pero gracias a socios y colaboradores lo hicimos posible.

Solo se aprende desde la práctica. Nuestro objetivo no era crear un gran número de titulados, sino lanzar a la calle el mayor número de proyectos sociales, tutorizarlos y asesorarlos durante todo un año. De este modo podemos estudiar las claves de éxito y fracaso de cada proyecto y crear grupos de formación y guías de asesoramiento cada vez más efectivas.

Fruto de ese trabajo, os mostramos algunos ejemplos de los proyectos que alumnos de «Comunicación y Diseño Social EN+» han puesto en práctica.

Fotos de narices. Maria Bris Portillo
Salir a la calle, a un evento familiar o a una manifestación y llevar una maleta con objetos clown. Recuperar la alegría, derrocharla y compartirla.
facebook.com/fotosDeNarices

Lectura fácil. Blanca Mata
Haciendo énfasis en el derecho democrático a la lectura, este trabajo surge de la sensibilización hacia un público a menudo desatendido: las personas con dificultades de lectura o de comprensión lectora. Este es un colectivo amplio en nuestra sociedad que necesita un fondo específico para poder disfrutar de la lectura y tener acceso a la cultura.
lecturafacileuskadi.wordpress.com

Escuela de música en las favelas de Brasil
Nuria Dillán
Porque la música genera música y porque la música
une a las personas, a los países y a los continentes
surge el proyecto Leãozinho.
leaozinho.net

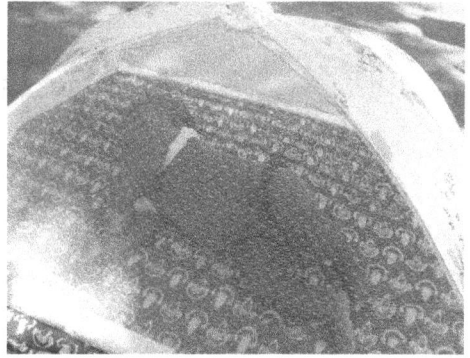

Mosquiteras para Angola. Álba Sánchez
DIstribuir mosquiteras en diferentes poblados
aislados del territorio de Angola. Gracias a ellas se
puede proteger a los bebes, de los mosquitos que
transmiten enfermedades como la malaria.

Di no a las barreras arquitectónicas. Carolina Juzdado Pulido
Mi proyecto se centra en la necesidad de eliminar las barreras arquitectónicas
en diferentes ciudades, en especial de la comunidad donde vivo.

Radio comunitaria *El extrarradio*. Mari Carmen Ruiz
Junto a un grupo ecléctico: periodistas, creativos, comunicadores y profesionales de diferentes ámbitos,
Carmen Ruiz se lanzó a cumplir un objetivo: crear un nuevo canal de comunicación independiente,
comprometido y original que arriesgue en sus contenidos y la forma de abordarlos.
elextrarradio.com

// el arte como posibilidad

Por **María Martín Sánchez** (María Ideas Flotantes)
La Compañía de las Ideas Flotantes

Aunque la expresión artística es algo natural, necesario e inherente a todo ser humano; la mayoría de nosotros estamos muy alejados de las prácticas artísticas en nuestro día a día. Sentimos vergüenza, parálisis e, incluso, pánico cuando se nos pide que pintemos, dibujemos, modelemos algo... o inventemos, imaginemos... ¿Quién no ha empleado frases como « Yo no sé», «A mí se me da mal», «No me va a salir», «No soy Velázquez»? De hecho, muchas veces repetimos esquemas o modelos aprendidos para salir del paso.

La creatividad no es algo relacionado única y exclusivamente con lo artístico, pero lo artístico es uno de los primeros espacios donde empezamos a acercarnos, sentir y experimentar con lo creativo desde pequeños.

Es una forma de comprender y relacionarse con el mundo; una manera de expresar nuestra visión personal, de opinar, criticar, plantear, poner en tela de juicio: a nosotros y a la sociedad de la que formamos parte y construimos.

El arte permite buscarse, encontrar nuevos caminos. Ha servido durante siglos para transmitir creencias, modos de vida, ideas;

UNA SOCIEDAD QUE VALORA EL ARTE Y LA EXPRESIÓN PLÁSTICA Y VISUAL; CAMINA DE OTRO MODO

para promover estereotipos y modelos, también para cuestionarlos, denunciarlos y romperlos.

De las pinturas prehistóricas a la publicidad, de las pirámides a los retratos de monarcas absolutistas, de las obras de los revolucionarios Románticos a las rompedoras vanguardias. Comprender el Arte, su iconografía, su lenguaje, sus herramientas, es una manera de análisis, de crítica, de libertad. Experimentando, probando cosas nuevas, buscando qué queremos contar, de qué manera, con qué recursos; encontramos y conocemos el medio y a nosotros mismos y descubrimos otras posibilidades, que podemos replantearlas o incluso podemos crearlas.

Vivimos en la sociedad de la imagen, pero nadie nos enseña a leerla, a comprenderla, a mirarla desde dentro. Recibimos bombardeos constantes de mensajes, que engullimos, sin cuestionar. Crecemos en un medio en el que la Educación Artística y Visual se basa en colorear todos las mismas plantillas, sin salirse; recortar sin salirse; hacer flores iguales; pintar árboles verdes con tronco marrón y vacas blancas con manchas negras, tocar un poco la flauta, bailar sin romper los pasos. ¿Dónde quedan los espacios para imaginar, para resolver, para cuestionar, para probar, para plantear...para crecer y ser?

Si la actividad del hombre se limitara a reproducir el pasado, él sería un ser vuelto exclusivamente hacia el ayer e incapaz de adaptarse al mañana diferente. Es precisamente la actividad creadora del hombre la que hace de él un ser proyectado hacia el futuro, un ser que contribuye a crear y que modifica su presente.

La imaginación, como base de toda actividad creadora, se manifiesta por igual en todos los aspectos de la vida cultural haciendo posible la creación artística, científica y técnica. En este sentido, absolutamente todo lo que nos rodea y ha sido creado por la mano del hombre, todo el mundo de la cultura, a diferencia del mundo de la naturaleza, es producto de la imaginación y de la creación humana, basado en la imaginación.

Entre las cuestiones más importantes de la psicología infantil y la pedagogía figura la de la capacidad creadora en los niños, la del fomento de esta capacidad y su importancia para el desarrollo general y de la madurez del niño.

Desde la temprana infancia encontramos procesos creadores que se aprecian, sobre todo, en sus juegos. Son estos, frecuentemente, un mero reflejo de lo que ven y escuchan de los mayores, pero dichos elementos de experiencia ajena no son nunca llevados por los niños a sus juegos como eran en la realidad.

No se limitan en sus juegos a recordar experiencias vividas, sino que las re-elaboran creadoramente, combinándolas entre sí y edificando con ellas nuevas realidades acordes con las aficiones y necesidades del propio niño.

¿Cómo vamos a educar individuos creativos, innovadores; una sociedad plural y abierta, si cercenamos de esa manera la expresión?

Ofrecer materiales nuevos, ayudar a explorar, fomentar el conocimiento desde la diversión y el juego como búsqueda. Perder el miedo a mancharse y manchar, a salirse, a rasgar, a romper, a descartar. Mostrar que el que investiga y prueba, descubre; valorar la expresión, no solo el fin. Terminar con los prejuicios del lenguaje, el modelo, el resultado. Abrir la mirada, observar, buscar nuevos alicientes, referentes, inquietudes visuales. Asomarnos a las obras de arte con respeto, sin prejuzgar. Acompañar a los niños en un camino de expresión, de crecimiento, de posibilidades; que revierta en su formación como individuos y como grupo social.

Planteemos posibilidades, no problemas.

REFERENCIAS

« Las actividades deben intensificar el desarrollo de la inteligencia del niño y no limitar la libertad individual»
H. G. Furth/ H. Wachs

«En la medida que el niño se libera de las presiones y convencionalismos del mundo adulto [...], surgirá un juego más libre par expresar sus sentimientos, sus intereses, la imaginación que posee»
O. Oñativia

« La creatividad ha de posibilitarse, desarrollarla facilitando y exigiendo la libertad»
Javier Urra

« La enseñanza directiva va unida a considerar lo mimético como el grado superior [...] y propone modelos de copia.
[...] Estos planteamientos hablan de educación cuando en realidad quieren decir instrucción. Persiguen el dominio de habilidades manuales y no estiman que las artes plásticas pueden desarrollar capacidades intelectuales»
Manuel Hernández Belver
Manuel Sánchez Méndez

// arte y activismo

¨EL ARTE SE CONVIERTE EN POLÍTICO CUANDO ADQUIERE RESULTADOS REALES: LA POLÍTICA NO ES EL SUJETO DE MI OBRA SINO EL MATERIAL QUE UTILIZO PARA CREARLA. MIENTRAS LA REALIDAD FUNCIONA COMO MI CAMPO DE ACCIÓN, EMPLEO A LAS INSTITUCIONES DE ARTE COMO ESPACIOS EN LOS CUALES PROPONER MODELOS DE SOCIEDAD CIVIL - UN LUGAR PARA LA EDUCACIÓN, DONDE LA GENTE PUEDE PERMITIRSE UN ESPACIO PARA PENSAR Y CONSIDERAR UN FUTURO MEJOR.

Tania Bruguera
Cuando los sueños son
desechados por imposibles

«EL ARTE ÚTIL ES UNA MANERA DE TRABAJAR CON EXPERIENCIAS ESTÉTICAS QUE SE ENFOCAN EN LA IMPLEMENTACIÓN DEL ARTE EN LA SOCIEDAD, DONDE LA FUNCIÓN DEL ARTE YA NO ES UN ESPACIO PARA SEÑALAR PROBLEMAS SINO UN LUGAR DESDE EL CUAL SE CREAN PROPUESTAS Y SE IMPLEMENTAN POSIBLES SOLUCIONES.

DEBERÍAMOS VOLVER AL MOMENTO EN EL CUAL EL ARTE NO ERA ALGO QUE SE VENERABA, SINO ALGO SOBRE EL CUAL SE GENERABA. SI ES ARTE POLÍTICO, DEBE LIDIAR CON CONSECUENCIAS, Y SI LIDIA CON CONSECUENCIAS, PIENSO QUE DEBE SER ARTE ÚTIL»

Tania Bruguera
Introducción sobre el arte útil

WWW.TANIABRUGUERA.COM

«EL ARTE NO CONSISTE EXCLUSIVAMENTE EN PINTAR CUADROS O HACER ESCULTURAS. TIENE UNA RAZÓN DE SER, UNA FUNCIÓN AUTÉNTICA, CUANDO ABARCA TOTALMENTE EL ÁMBITO EN EL QUE ORIGINA Y ABRAZA, AL MISMO TIEMPO, A LA PERSONA.

ASÍ LOGRA TRANSFORMAR HACIA EL FUTURO TODAS LAS SITUACIONES Y CONDICIONES QUE EXISTEN EN EL MUNDO, LAS CAMBIA, LAS REORGANIZA, VERIFICA UN CAMBIO EN LAS CIRCUNSTANCIAS.

SE PODRÍA DECIR QUE HE TRABAJADO TODA MI VIDA SOBRE LA IDEA DE UNA CREACIÓN CAPAZ DE CAMBIAR LAS CONDICIONES SOCIALES»

Joseph Beuys
Lápiz, «Entrevista con José Lebrero Stäls»
Nov-dic 2001: pág. 187-188

«EL APORTE DEL ARTE AL PENSAMIENTO HUMANO ES INNEGABLE, NO SOLO DESDE LA POSICIÓN HISTÓRICA Y ESTÉTICA QUE SE HA ENCARGADO DE PRESERVARLO COMO BIEN PATRIMONIAL, SINO DESDE LA NUEVA ÓPTICA DEL DENOMINADO PATRIMONIO INTANGIBLE QUE ES EL QUE SE REPRODUCE EN LA EXPERIENCIA DE CADA INDIVIDUO.

ASIMISMO, EL ARTE PODRÍA SER UN CATALIZADOR DE FENÓMENOS SOCIALES, UN ESPEJO DE LA SOCIEDAD, UN INSTRUMENTO PARA VER COSAS QUE DE PRONTO ESTÁN CATALOGADAS EN OTRAS DISCIPLINAS Y POR LO TANTO PERMITIRÍA AMPLIAR LAS VISIONES QUE SE TIENEN SOBRE EL MUNDO, LA SOCIEDAD, EL INDIVIDUO, LA EXISTENCIA»

María Mercedes González
El arte como medio de expresión política

WWW.ESFERAPUBLICA.ORG

// Migrantas: un ejemplo de aplicación del diseño a un proyecto social

Talleres | Expresión gráfica de la propia historia

Migrantas se propone hacer visible en el espacio urbano, a través de sus diversos proyectos, las reflexiones y sentimientos vinculados a la vida en un nuevo país.

La movilidad, la migración y la transculturalidad han dejado de ser excepciones y son cada vez más un fenómeno central de nuestro tiempo.

Sin embargo, las experiencias de los migrantes suelen permanecer invisibles para el resto de la sociedad.

El equipo migrantas trabaja sobre migración, identidad y diálogo intercultural. Sus proyectos reúnen herramientas del arte, el diseño y las ciencias sociales. Las integrantes del equipo, muchas de ellas inmigradas a Alemania, conciben su trabajo con otros migrantes como un diálogo horizontal.

Desarrollo
Del dibujo al pictograma migrantas@yahoo.com

La Fundación SÍ HAY DISEÑO es otro buen ejemplo de integración de diseñadores con inquietudes sociales en el desarrollo del diseño y la comunicación social.

Recordar: Cartel (Autora: Martha Lozano)

La Fundación `Sí Hay Diseño. Gráfica Social`, es una organización que desde el campo de la comunicación visual, diseña y realiza propuestas gráficas que aporten a la calidad de vida de las personas.

Trabajan en la investigación y generación de proyectos y productos de diseño gráfico que contribuyan de manera positiva a la búsqueda de soluciones a problemas de nuestra sociedad desde nuestras identidades, estimulando y generando la reflexión, el análisis y la acción tanto social, como cultural y artística.

Generan espacios de discusión de temas que afectan nuestro entorno, nuestra sociedad, nuestras realidades, en donde se proponen alternativas que puedan contribuir desde nuestras fortalezas, a desarrollar nuevas lecturas visuales que permitan el acceso a la información, a la interpretación y a la comprensión del contexto, conscientes de las posibilidades que generan sociedades mejor informadas, más comprometidas, críticas, respetuosas y autónomas.

Es una propuesta creativa que invita a diseñar para las personas, para las comunidades, por ellas y con ellas (diseño participativo); a comunicar con nuevos lenguajes visuales que ayuden a construir nuevas realidades y a posibilitar mundos mejores; y a crear e innovar para defender la esperanza, el amor y la alegría.

Datos de contacto
disenio.blogspot.com
facebook.com/sihaydisenio.gs
sihaydisenio@gmail.com
(572) 315.284.71.15
Cali, Colombia

// insurgencia gráfica
el autor nos explica su proyecto

Me llamo Saúl, nací en el 78, soy fiel marido y padre de 2 hijos magníficos. Además soy diseñador gráfico con estudio propio y no creo en Dios. Me dedico profesionalmente al diseño gráfico y diseño web en Zaragoza, que da de comer. **Me apasiona el Activismo Gráfico, que no da de comer pero alegra el espíritu.**

En 2007 nace Insurgencia Gráfica, un territorio personal sin ánimo de lucro donde creo imágenes con mi visión sobre el mundo, sin más pretensión que la de compartir mi opinión de la mejor manera que sé, concienciar al que las vea e invitar a la reflexión sobre lo que sucede en los tiempos en los que nos ha tocado vivir.

Durante este tiempo mi trabajo se ha publicado en algunos blogs de diseño, antisistema, de ongs y de particulares. También en diferentes publicaciones en papel (prensa, revista, magazines..) y en diversos eventos de diseño social.

En nuestra mano está hacer un mundo mejor, tú decides.

¡Salud e Insurgencia!

http://www.insurgenciagrafica.es

OTROS EJEMPLOS DE ACTIVISMO GRÁFICO

UN MUNDO FELIZ
unmundofeliz.org
pictopiabook.blogspot.com
unmundofeliz2.blogspot.com SAHARA LIBRE
«Nunca pensé que España podría ir contra los Derechos Humanos… Soy madre dos hijos. Soy una militante por los Derechos Humanos.
Soy una persona muy pacifista y esto no es justo… Devuélvanme a El Aaiún, capital del Sáhara Occidental, donde están mis hijos y mi familia. Martin Luther King decía que lo peor no era el delito de los criminales, sino el silencio de las buenas personas. Ese silencio no puede seguirse dando. No pueden seguir quedando impunes los crímenes contra los ciudadanos saharauis.»
Aminatou Haidar

AGITADORES DE CONCIENCIA
VIOLENCIA DE GÉNERO
Murieron apuñaladas, atropelladas, quemadas vivas, descuartizadas, lanzadas al vacío… En muchos casos, tras soportar malos tratos durante años en silencio. En muchos otros, después de denunciar agresiones y amenazas en múltiples ocasiones. Ni el sistema judicial ni las Fuerzas de Seguridad supieron o pudieron protegerlas.
Marta Arroyo

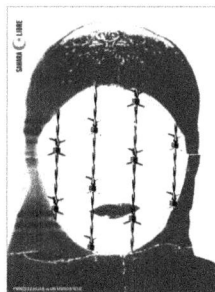

// unbuendia.mx

un proyecto donde creativos y diseñadores colaboran con piezas para tirar buen cotorreo

@unbuendiamx

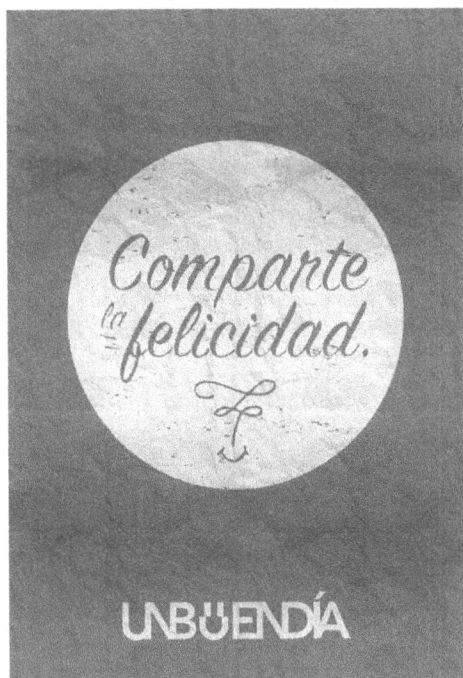

Por Sunny Side @sunnysidemx | sunnyside.mx

Por Larissa Sixtos @larissasixtos
4o. Sem. Facultad de Artes Visuales UANL
Asesor Eduardo Mallén @mallo25

NO TODOS SON TAN MAL♥S NO TODO ESTA MA✔

UNBUENDÍA

Por Royal Buendía @RoyalBuendia

TU CASA ES MI CASA

UNBUENDÍA

Por Ernesto Vallejo @ElVallejo
y Royal Buendia @RoyalBuendia

"Grandes sorpresas nos esperan allí donde hayamos aprendido por fin a no sorprendernos de nada, entendiendo por esto a no escandalizarnos frente a las rupturas del orden"

Julio Cortázar

Fragmento de uno de los diseños
de @unbuendiamx

A VECES LOS SUEÑOS SE HACEN REALIDAD, DALE TIEMPO AL TIEMPO

UNBUENDÍA

Tiempo al tiempo, de Royal Buendía @royalbuendia

// Diseño coherente, responsable, consciente... necesario

La gran mentira a voces del crecimiento infinito, de una obsolescencia programada necesaria, de unos recursos naturales infinitos se implanta en los países occidentales. En los emergentes se vende esa mentira como "desarrollo" y se reivindica el derecho a crecer a cuenta de una igual o mayor explotación de sus recursos como antes hicieron y hacen otros.

Los ciudadanos de unos países huyen de la miseria a países como el nuestro. Nuestros ciudadanos, por su parte, huyen de la pobreza y el paro a países más ricos. Y curiosamente los grandes empresarios del primer mundo se desplazan con sus grandes empresas a esos países sumergidos en la miseria... para hacer negocios.

Ya no hay sólo miedo al futuro. Hay resignación. Hay indefensión aprendida. Asimilada. Tatuada. Nos asusta el cambio porque cuando cambiamos, sabemos lo que perdemos pero no lo que podemos ganar. Y por eso no sólo se necesitan ideas. Se necesitan ideas que inspiren a la acción más allá de la reflexión.

Vivimos en una época en la que cada uno de nosotros podemos hacer algo para cambiar la economía y la sociedad, y orientarlas hacia un modelo más sostenible, humano y feliz. De hecho, el reto ya no es cambiar el mundo, es cambiarnos a nosotros mismos y ver si la suma de todos, logra el cambio global. Y los diseñadores tenemos mucho que ver en ese cambio.

"Lo que funciona se vuelve hermoso" decía Rafael Marquina. Rafael era de una escuela de pensamiento del diseño en el que si este no responde a una necesidad, no es diseño, es una frivolidad. Nunca le preocuparon las cuestiones estéticas. En el caso de sus famosas vinagreras, que no gotearan, que se pudiera ver el color del líquido que contenían, la cantidad que quedaba, etcétera.

Rafael creía que lo que funcionaba, se convierte en hermoso. Estaba convencido de que la mente llega a considerar hermoso lo que responde a un planteamiento lógico. Y no es el único:

Me gustan los números porque con ellos verdad y belleza son lo mismo. Te das cuenta cuando las ecuaciones empiezan a resultar bellas. Ves que los números te acercan al secreto porqué de las cosas. **Jericho (Enigma, 2001)**

Sin embargo, abandonó el diseño porque consideraba que no podía ponerse en contra de la sociedad de consumo. Perdió la batalla. El mercado necesitaba cambiar de modelos para fomentar el consumo. Como diseñador, él no aceptó hacer productos por el simple hecho de surtir al mercado, no le parecía deontológico. Para él, cualquier producto debe obedecer al intento, exitoso o no, de mejorar otro anterior.

Al nivel más fundamental, la naturaleza, por alguna razón desconocida, prefiere lo bello.
David Gross, físico

REPENSAR EL DISEÑO
Y REDEFINIR LA INNOVACIÓN

Una de las conclusiones de los estudios estudios realizados por los expertos en innovación y desarrollo social es que no existe una receta perfecta. Cada comunidad tiene sus particularidades y lo que le ha funcionado en a persona en su comunidad no tiene por qué funcionar en otra. No hay fórmulas cerradas y si fuese una fórmula cerrada… no sería innovación.

"Innovación no es Evolución. Innovación es romper paradigmas, no avanzar en lo que ya se está haciendo". **Lotfi EL-Ghandouri**

Las personas son el centro de la innovación. Tú eres el centro de la innovación. De ti surgen las ideas, las motivaciones y las ambiciones que dan lugar al cambio social. Los círculos sociales son los vínculos que unen la diversidad de perspectivas de las personas.

La evolución humana está marcada por la innovación. Es el oxígeno de nuestra sociedad. El control del fuego, la agricultura o la democracia son ejemplos de grandes innovaciones que han marcado nuestra historia. La actual crisis económica, finan-ciera y moral es una ocasión única y tenemos que estar a la altura. Debemos pensar y actuar como nunca antes lo hicimos con un único temor: que todo siga igual.

Nos negamos a creer que no hay alternativa para el diseño. Para los diseñadores. Diseñemos un futuro distinto. Construyamos un nuevo presente.

En momentos crisis tendemos a esperar que desde las instituciones políticas o desde las grandes empresas se adopten medidas que produzcan un cambio positivo en nuestra sociedad, sin ser conscientes de que, cada vez más, el poder de cambiar las cosas sólo está en nuestras manos. Quizás tengamos poco margen de maniobra, pero es unas responsabilidad explorar al máximo ese margen.

Sólo una ciudadanía consciente y comprometida será capaz de hacer frente y resolver los problemas a que nos enfrentamos como sociedad enferma e infeliz. El empoderamiento ciudadano necesita de infraestructuras, educación… pero también de ciudadanos, consumidores y padres valientes.

DISEÑO SOCIAL SE HA CONVERTIDO EN LA HERRAMIENTA MÁS PODEROSA CON LA QUE EL HOMBRE DA FORMA A SUS HERRAMIENTAS Y ENTORNOS Y, POR EXTENSIÓN, A LA SOCIEDAD Y A SÍ MISMO. Víctor Papanek

// diseño industrial
el ejemplo de Curro Claret

Por Curro Claret | curroclaret.com

Esta es una colección de taburetes, mesas, lámparas y otros objetos y muebles realizados por personas que han estado viviendo en la calle. Los muebles se construyen a partir de una pieza metálica especialmente diseñada que funciona como un nudo de conexión permitiendo que se le enrosquen las distintas partes a partir de materiales recogidos en la calle.

Los muebles además de cumplir con su primera función propia de piezas de mobiliario, intentaban ser un medio de ayuda para estas personas en su proceso de recuperación.

Los primeros muebles que se realizaron fueron los taburetes, recibiendo el primer premio de la convocatoria *Diseño contra la pobreza y exclusión social del Ministerio de Cultura el año 2010.*

En una segunda fase, y gracias a la ayuda de una beca concedida por el Consell Nacional de la Cultura i de les Arts de la Generalitat de Catalunya (CoNCA), se rediseñó la pieza metálica para permitir la construcción de otros elemento de mobiliario e iluminación.

La pieza está realizada a partir de una plancha metálica, cortada con una máquina láser y doblada. Esta tecnología cada vez más extendida resulta muy accesible e interesante especialmente para producciones pequeñas.

Los planos de la pieza están disponibles gratuitamente para cualquier organización de ámbito «social» que lo solicite (siempre y cuando sea para su propio uso y no para fines comerciales).

Los muebles han sido realizados hasta la fecha principalmente por gente de Arrels Fundació, organización que trabaja ayudando a gente que ha estado viviendo en la calle.

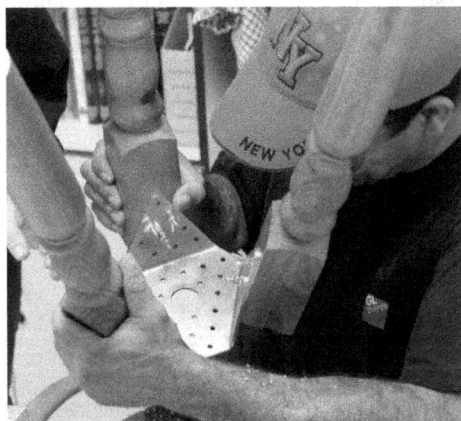

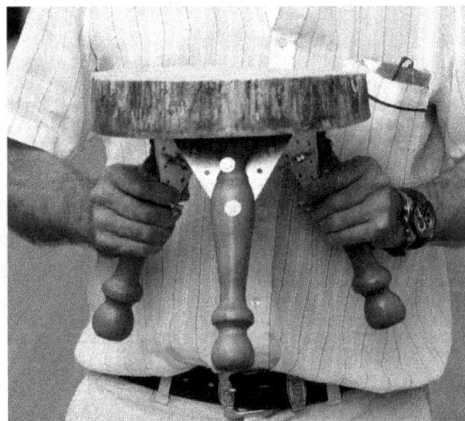

Trascender es lo más importante para todas las personas, yo buscaré trascender dejando un mejor entorno de igualdad en la sociedad. Creemos la conciencia para el futuro . «Una persona es una persona, al margen de su tamaño»- Dr. Seuss Reflexión aportada por Rafael Nuñez.

Fotografías de Juan Lemus

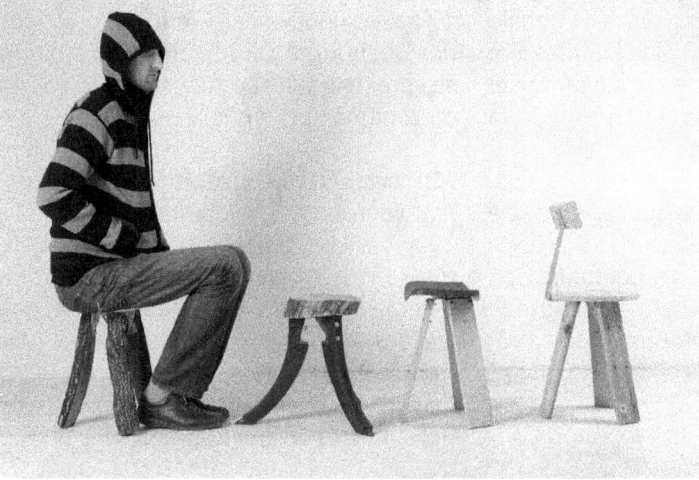

El diseño social está basado en la creación de nuevas plataformas de comunicación, interacción, intercambio y desarrollo, que huyen de la simple protesta para buscar soluciones a través del diseño.
Sus intervenciones quieren fomentar el debate social, el planteamiento de problemas y a su vez dotar de nuevos espacios y herramientas.

// techo.org
convicción que marca generaciones, por una sociedad más justa

En los quince años que TECHO lleva presente en miles de asentamientos precarios en Latinoamérica, el trabajo junto a voluntarios y las familias que los habitan ha sido clave para afianzar el desarrollo en pos de la superación de la pobreza en el continente.

La idea partió con la restauración de una iglesia en el sur de Chile, en 1997. Hoy, a 15 años de esa iniciativa, la organización Latinoamericana TECHO ya ha movilizado a más de 500 mil voluntarios, ha construido 90.500 viviendas de emergencia y se encamina hacia soluciones definitivas para la superación de la pobreza en 3 de los 19 países donde opera. También mantiene dos oficinas de coordinación en Miami y se aproxima a la apertura de la 53ª oficina en Londres.

¿Su clave? La convicción en el trabajo conjunto entre jóvenes voluntarios -entre 18 y 29 años- y las familias de los asentamientos donde se inserta a través de un proceso de desarrollo comunitario, en el que las familias plantean sus inquietudes y las transforman en planes de trabajo que en la mayoría de casos parte de la construcción de viviendas de emergencia.

Es del cuestionamiento inicial de ambas partes, de su encuentro y la solidez de los lazos que se gestan lo que lleva a la motivación. Una convicción que se marca en cada una de las acciones de los voluntarios y las familias con las que trabajan, quienes han tomado los valores de la organización **–solidaridad, convicción, excelencia, diversidad y optimismo–** como banderas de lucha empujar el proyecto a logros cada vez más concretos.

El primer equipo de TECHO (antes Un Techo para mi País) se formó en Chile. Andrés Harrison, su primer director de Comunicaciones recuerda que su principal preocupación fue, desde un inicio, **involucrar a los voluntarios con la realidad de su país, en los sectores más vulnerables.** La premisa fue que era ahí, en los asentamientos, donde las lecciones para las familias y los voluntarios de TECHO serían más potentes y por lo tanto, más duraderas.

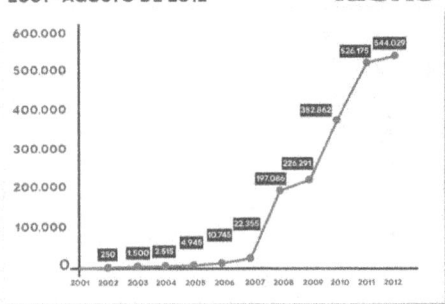

NÚMERO DE VOLUNTARIOS
2001 –AGOSTO DE 2012

TECHO

Casas en el aire.
Santiago de Chile 2003

«Hubo un grupo que comenzó a preocupar-se por temas sociales, que era una realidad escondida. El voluntariado fue una oportu-nidad de satisfacer inquietudes. El testimo-nio tomó mucho peso, sobre todo de parte de las familias y su perspectiva», recuerda Agustín Wolff, director social de TECHO para Latinoamérica y el Caribe, respecto de las primeras etapas que TECHO-Chile (antes Un Techo para Chile) modeló para seguir avanzando y expandiéndose.

En ese minuto se valieron de **acciones no-vedosas, como una ocasión en que mon-taron una vivienda de emergencia sobre un poste publicitario, como denuncia a la condición de precariedad en que vivían los sectores en situación de pobreza.** También campañas en las que se declararon «Los cesantes más felices de Chile» cuando terminaran de erradicar los campamentos (como se denomina a los asentamientos en dicho país) en un tiempo en que la cesantía tenía cifras preocupantes para la mayoría de la población.

Las nuevas tecnologías han sido parte esen-cial de este proceso, buscando nuevas vías para comunicar los nuevos desafíos que TECHO tiene para lograr su cometido. Esta evolución se ha materializado en acciones como la campaña digital que TECHO-Perú

llevó a cabo en noviembre de este año bajo el nombre «Pandora» (#ProyectoPandora). **A través de un artista local, montaron un proyecto ficticio en el que la realizadora proponía montar paneles para «tapar» los asentamientos en el país, a modo de impul-sar el desarrollo del país.** La polémica fue evidente por redes sociales y su vídeo final, en el que se explica que se trataba un acto de denuncia a la indiferencia que existe frente 8 millones de personas en situación de pobreza e invitando a involucrarse para generar cambios, alcanza casi 40 mil visitas.

Actualmente, una etapa de expansión y consolidación de una nueva marca, TECHO continúa su trabajo para potenciar a los voluntarios, llamarlos a la denuncia desde la comprensión y reflexión acerca de la im-portancia de superar las desigualdades que imperan en el continente y de esta forma generar incidencia en políticas.

Para las familias los desafíos también se han consolidado, en tanto se han organiza-do y desarrollado **planes de fomento pro-ductivo, trabajo, educación, salud y fondos concursables para sus emprendimientos,** apoyados por los equipos de Habilitación Social local.

A 15 años de que la idea era restaurar una iglesia, TECHO hoy es un movimiento regional, que busca involucrar a distintos sectores de la sociedad – Estado, universidades, empresas, civiles- para trabajar juntos. La organización, que nació del desconocimiento y la desintegración de las naciones, hoy apuesta a unirla por un mismo fin: una sociedad más justa y sin pobreza.

// sostenibilidad & diseño

La naturaleza es un ejemplo de diseño sostenible casi perfecto. La sostenibilidad del planeta mejorará, como pretendemos, si entre todos nos imaginamos nuevos diseños y formas alternativas de vida, de uso de lo que nos rodea (desde el reciclaje hasta la reinvención para el uso de materiales que tenemos olvidados).

John Thackara es el autor de *In the bubble: designing in a complex world* un libro muy provocador que trata temas relacionados con la sostenibilidad. En él se plantea:

«¿Podremos conseguir niveles de sustentabilidad siguiendo las líneas de crecimiento que usan los políticos en sus discursos?»

Todas las áreas que presentan procesos producción de alta densidad con altísimos costos energéticos y financieros crean sistemas muy frágiles. Thackara coloca el ejemplo de las ciudades como sistemas que producen 'burbujas', en muchos casos con mucho confort y alta calidad de vida, pero sistemas de equilibrio precario. En una ciudad, si algún pequeño componente del sistema falla, toda la estructura colapsa. La avería de un semáforo en alguna esquina de gran ciudad produce el caos, mientras que si un semáforo no funciona en una pequeña ciudad no ocurre nada.

Thackara propone ideas sencillas, no soluciones definitivas, para hacer frente a un futuro sostenible. Estas se basan en la revisión de las prácticas sociales premodernas y anteriores a la revolución industrial, bajo la premisa de intentar solucionar los problemas «reales» de la gente. Para ello, debemos prestar atención a todas esas

prácticas innovadoras que están sucediendo en múltiples lugares del mundo, donde las personas se agrupan para resolver sus problemas inmediatos: es, por ejemplo, la idea del consumo colaborativo.

«Debemos aprender hoy de la gente que vive con el 5% de los recursos con que nosotros vivimos».

Para esta revisión, dice Thackara, se tienen que generar definitivamente nuevas herramientas, nuevas destrezas, nuevas conexiones y nuevo conocimiento: «las soluciones ya no pueden seguir yendo de la mano de la tecnología, sino de la sociedad».

Nuevas palabras para un nuevo diálogo del diseño.
Alba Sánchez Madrid | Fotografías de Javier Sánchez

EL DISEÑO PUEDE MATAR

PUEDE SALVAR VIDAS.

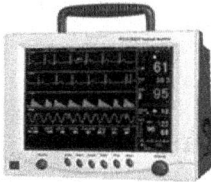

MANUAL DE DISEÑO SOCIAL

Este obra está bajo una Licencia Creative Commons
Atribución-NoComercial-SinDerivadas 3.0 Unported.

Autor del diseño: Alberto Gómez López
Más trabajos suyos en: http://albertoabierto.blogspot.com.es

«TENEMOS QUE IR MÁS ALLÁ DEL 'GOING GREEN' Y CREAR UNA NUEVA GENERACIÓN DE ACTIVISTAS DEL DISEÑO»
EMILY PILLOTON

UN EJEMPLO PROJECT H DESIGN

Otro de los referentes en diseño social aplicado al diseño industrial es la diseñadora industrial y activista Emily Pilloton. Formada en diseño de producto en la ciudad de San Francisco, es creadora del Project H Design, un proyecto radical sin fines de lucro que da soporte e inspira el diseño de productos que aumentan nuestra calidad de vida de forma humanitaria.

// **diseño** insostenible

Mucho antes de que las leyes ambientales y sociales aparecieran, ya existían muchos individuos unidos para proteger el entorno que habitaban.

Estos pequeños esfuerzos se conocen como esfuerzos de base o de raíz y suelen ocurrir a nivel de «comunidad» y de forma voluntaria. ¿Para salvar el planeta? No, para salvarnos a nosotros mismos. Para ser más felices en nuestros día a día siendo coherentes con nuestras ideas, empáticos con lo que nos rodea y orgullosos de la realidad que estamos construyendo.

Mientras la sostenibilidad está de moda gracias al apoyo de muchos líderes políticos y la buena labor de muchas asociaciones en defensa del medio ambiente, los derechos humanos siguen en un segundo plano y la industria sigue más interesada en vender productos «sostenibles» que en crear realmente productos «sostenibles».

Esto nos ha llevado a que ahora podemos comprar casi cualquier producto de materiales reciclados o de prefijo «eco» sin importar si en el proceso de reciclado se invierte más energía que si se hiciera de nuevo.

Como este ejemplo hay muchísimos, pero desde EN+ queremos centrarnos en aquellos diseños que sí tienen un interés social o ambiental y están generando un cambio en la vida de personas que los utilizan.

S e suele relacionar con «sociedad de consumo» a la adquisición de bienes materiales sin valor significante, con consumidores poco concienciados, y con el uso irresponsable de los recursos naturales. Actualmente consumir constituye el interés central de nuestra vida social y nuestros valores culturales.

Este consumo no siempre es de bienes materiales, también hace referencia a los valores intangibles que un producto o servicio nos ofrece. Es precisamente la irresponsabilidad de la producción industrial, y de los diseñadores, la que ha generado esta desvinculación entre los usuarios y los productos.

LOS OCCIDENTALES SATISFECHOS SON LOS ADVERSARIOS DE LA HUMANIDAD

ilustración: ángulocasirecto
http://www.angulocasirecto.com

// asumir nuestra responsabilidad

Se ha calculado que el 80% de los productos y materiales que pasan por las manos de un consumidor se convierten en basura a las seis semanas. Resulta desalentador pero el mundo no es así. Lo hemos creado así. ¿Qué os parece si empezamos a diseñarlo de otra forma?

El diseño sostenible no debe entenderse como metodología para reducir el impacto de productos desechados. Los diseñadores de productos o servicios deberíamos plantear el diseño sostenible como una responsabilidad social corporativa que no solo preste atención al reciclado de productos o la producción biodegradable, sino que además debería trabajar el significado del uso de esos productos y la vinculación de las personas con sus bienes de consumo.

Frente a «diseño sostenible», muy relacionado con los productos ecológicos, otros términos como el «diseño social» o «social design» se han convertido en los últimos años en un término para referirse a prácticas creativas que inciden en la sociedad creando soluciones positivas de cambio social. Desgraciadamente, sus enfoques, aunque en esencia no son contrarios, suelen estar distanciados de los enfoques comerciales y, muy relacionados con los diseños marginales, las asociaciones sin ánimo de lucro o la nueva oleada de emprendedores sociales.

El diseño social ha estado tradicionalmente promovido por el «activismo en el diseño». Aunque esta historia se remonta al origen mismo del diseño, ha resurgido como respuesta a ciertas situaciones de cambio geopolítico, a condiciones sociales, prácticas económicas y desafíos medioambientales.

Diseño social es plantear una idea constructiva que nos ayude a comunicar y dotar de significado un proyecto. Debe ser coherente con la producción de objetos o servicios útiles a la sociedad y valerse de propuestas éticas y recursos materiales compatibles con el medioambiente y el contexto social.

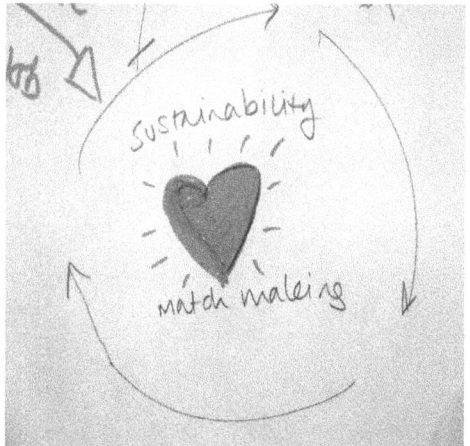

The Real Work Experience: «Design for Social Change» Workshop was held at Leeds College of Art and Design on Friday 21st November 2008. Led by graduate designer Jen Ohlson.

// cómo crear
un proyecto sostenible

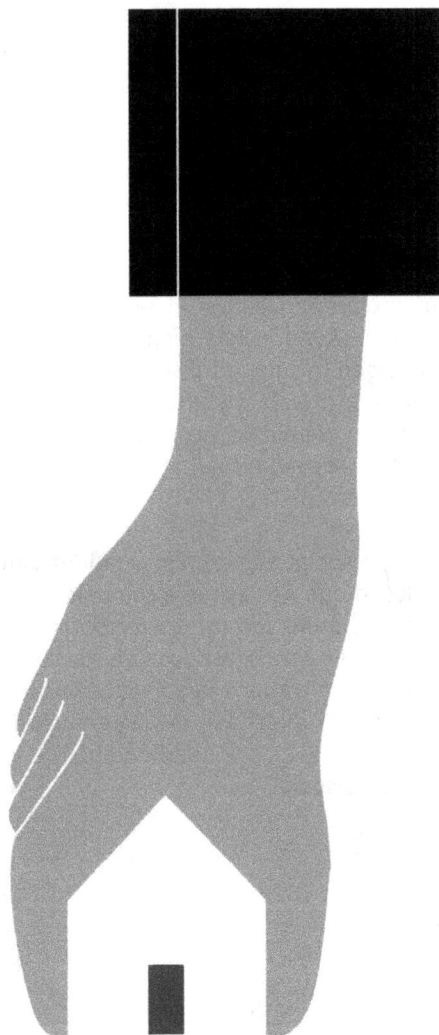

El primer gran paso es tomar la decisión firme de realizar un proyecto sostenible. Pero los siguientes pasos son igual de importantes.

Un proyecto de diseño sostenible comienza desde el primer momento. La sostenibilidad debe participar de todo el proceso de diseño, por lo que debe ser proyectado y planeado desde el principio. Muchos productos que son «biodegradables» han tenido un proceso de producción muy contaminante, o algunas empresas de productos «sostenibles» y «ecológicos» luego tienen un trato injusto con sus trabajadores o subcontratación (outsourcing).

Todas estas cuestiones conviene debatirlas con todo el equipo que intervendrá en el proceso de diseño para crear sinergias que sumen ideas positivas al proyecto.

VIABILIDAD DEL PROYECTO

Lo primero que debemos determinar es si el proyecto es viable. Para ello debes responder a las siguientes preguntas:

- ¿Es este el mejor método para comunicar el mensaje?
- ¿Qué otras alternativas tengo?
- ¿Alcanzará el objetivo planteado?
- ¿Qué repercusión tendrá?
- ¿Cómo podremos reducir el impacto social y medioambiental durante el proceso?

Diseño: «Un pequeño gesto, un gran cambio
Autora: - Ana Barrado Rosado»
Puedes encontrar más diseños suyos en:
 http://beitebe.jimdo.com

«Sé el cambio que quieres ver en el mundo» Mahatma Gandhi
Frase aportada por: Elisa Fernández Martín | @elisafm86.

PRINCIPOS DE CONCIENCIACIÓN SOCIAL Y MEDIOAMBIENTAL

Aplicando estos principios, los diseñadores iremos formando una conciencia social en el ejercicio de nuestra profesión:

- Diseñar optimizando la duración de uso del producto y su reutilización. Imprescindible: Rechazo absoluto a la obsolencia programada.
- Aplicar las nuevas tecnicas de innovación, design thinking y diseño cíclico. Abandonar el modo lineal. Consejo: Integra la creatividad en tu vida para poder ejercerla mejor en tu trabajo.
- Elegir materiales no tóxicos y en la medida de lo posible, reciclados. Responsabilidad: Reducir al mínimo el material desechable.
- Elegir proveedores locales y potencia la economía local.
- Contar con proveedores con una alta RSC y que empleen energía renovable y prácticas comerciales socialmente equitativas y respetuosas con el medio ambiente. Generar sinergias entre empresas responsables.
- Educar al consumidor en sostenibilidad a través del mensaje y el marketing. Concienciación social y apoyo a las ONGs y movimiento sociales en favor de ella.
- Animar a otros a diseñar de una manera responsable y sostenible. Crear comunidad.

Puede sonar utópico llevar un proyecto totalmente sostenible de principio a fin en los que intervienen tantos factores pero más utópico sería terminar de destrozar el planeta y luego empezar a plantearse cómo arreglarlo todo. Es difícil salvar a una especie en peligro de extención, pero es imposible intentar salvarla una vez que se ha extinguido. Ya nunca volverá. ¿Qué más estamos dispuestos a perder?

Por poco que hagamos, con pequeños propósitos estaremos haciendo más de lo que hacíamos o no hacíamos, e iremos generando no solo una forma alternativa de trabajar, sino un modo de pensar, actuar y vivir más sostenible.

¿QUÉ ES «DISEÑO SOSTENIBLE»?

El diseño sostenible es la filosofía de diseño de objetos físicos de acuerdo con principios de sostenibilidad económica, social y ecológica. Abarca tanto el diseño de pequeños objetos de uso cotidiano, como el diseño de edificios, ciudades o de la superficie terrestre.

Ejemplos de criterios en el diseño pueden ser el ahorro de energía, agua y de recursos en general, la minimización de residuos y emisiones externas o el uso de combustibles procedentes de fuentes renovables.

FUENTES INTERESANTES:
BENSON, Eric. *Design Sustainably.* Sitio web: www.re-nourish.com
SHERIN, Aaris (2009) *Sostenible: Un manual de materiales y aplicaciones prácticas para los diseñadores gráficos y sus clientes.* Barcelona: GG.
HESKETT, John. El *diseño en la vida cotidiana.* Barcelona, 2008.

// rsc&rse
otra forma de entender la economía

La responsabilidad empresarial (proactiva, comprometida, respetada) no es un extra. Debe ser la raíz de las empresas. Así lo explica Minerva García una de las diseñadoras que colabora activamente con Diseño Social EN+ para ayudar a ONGs sin recursos a mejorar su comunicación y diseños:

«El mundo está cambiando. Tras la explosión de la crisis mundial en 2008 que ha arrastrado a países y gobiernos, se ha creado un halo de incredulidad en los mercados, en la política, en el sistema capitalista, etc.

A causa de eso, muchas empresas han cerrado y otras muchas que están logrando mantenerse a flote han entrado en una decadencia donde la inversión en marketing y en comunicación ha pasado ha convertirse en una leyenda del pasado».

¿Eso significa que es el fin del marketing y la ruina de todos los que nos dedicamos a ello?

«No. Simplemente es la hora de reinvertarnos. Y con eso no me refiero a redefinir las bases del marketing que siguen prácticamente intactas desde que se crearon. Sino el aplicar el marketing a la responsabilidad de las empresas con el entorno y con los ciudadanos.

En medio de una crisis social como la que estamos viviendo, las marcas y empresas que crecerán y perdurarán serán aquellas que sean capaces de comprometerse con su entorno».

«SOLO CUANDO BAJE LA MAREA, SABREMOS QUIÉN ESTABA NADANDO DESNUDO», WARREN BUFFET,

«EL HOMBRE SE DESCUBRE CUANDO SE MIDE CONTRA UN OBSTÁCULO» ANTOINE DE SAINT EXUPERY

«NO PODEMOS RESOLVER PROBLEMAS ACTUANDO DE LA MISMA MANERA QUE CUANDO LOS CREAMOS.» ALBERT EINSTEIN

La responsabilidad social corporativa (RSC), también llamada responsabilidad social empresarial (RSE), puede definirse como la contribución activa y voluntaria al mejoramiento social, económico y ambiental por parte de las empresas, generalmente con el objetivo de mejorar su situación competitiva y valorativa y su valor añadido.

Idearium30.com

Sonia & gabriel
unmundofeliz2.blogspot.com
pictipiabook.blogspot.com

Un estudio reciente de Deloitte dio a conocer 10 prácticas que aumentan la efectividad de la cadena de valor sostenible en las empresas (en comparación con aquellas que no las implementan). Los resultados son muy útiles y se pueden conocer en su totalidad aquí.

Las 10 prácticas que traducimos son resultado de una encuesta realizada a más de mil ejecutivos de cadena de valor, y todas son efectivas tanto económicamente como en resultados sostenibles. El estudio toma en cuenta todo el proceso para crear un producto, desde que se recoge la materia prima de la naturaleza hasta que los desechos regresan a ella, tomando en cuenta acciones concretas que hacen más sostenible la cadena.

1. Involucrar a proveedores.
2. Integrar la sostenibilidad a la cultura laboral.
3. Haber trabajado con proveedores y distribuidores en programas de calidad en el pasado.
4. Hablar sobre sostenibilidad con diversos miembros de la cadena de valor.
5. Recompensar a proveedores por compartir experiencia y conocimientos de sostenibilidad.
6. Publicar y aplicar códigos de conducta a todos los proveedores.
7. Proveer herramientas, políticas o procesos a proveedores y demás socios de la cadena de valor.
8. Dar más oportunidades para participar en futuros proyectos a aquellos proveedores que compartan su experiencia y conocimientos sobre sostenibilidad.
9. Tener un área específica y funcional encargada de los esfuerzos relacionados con la cadena de valor.
10. Destacar los esfuerzos de sostenibilidad para atraer y retener empleados.

// ecomarketing

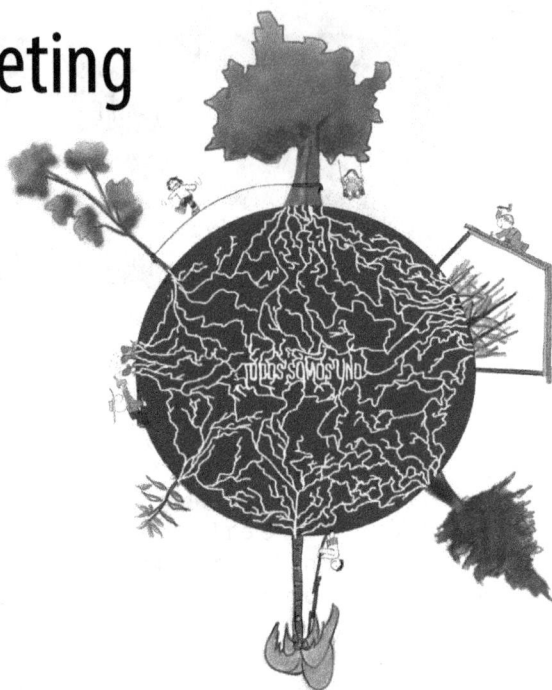

FUNDAMENTOS BÁSICOS

El eco-marketing no está hecho solo para grandes empresas. Sino que cualquier pequeña empresa puede poner en práctica el eco-marekting y sus 3 fundamentos básicos:

**REDUCIR
RECICLAR
REUTILIZAR**

Santiago Fernando
Granda Jaramillo

E mpieza la era del eco-marketing y de la responsabilidad social empresarial como valor de empresa. Los clientes, el público objetivo y el consumidor en general quiere a marcas comprometidas, solidarias, que se preocupen por ayudar a las personas y cuidar el entorno.

¿Eso implica que las marcas tienen que dejar de vender productos y convertirse en ONGs? Obviamente no. Las empresas tienen que seguir vendiendo sus productos y servicios, pero también tienen que cuidar a su público interno (a sus trabajadores), a su público externo (a sus clientes), a la comunidad (a la población en general de los lugares donde operan) y al entorno (al medio ambiente).

El eco-marketing, es más que una tendencia que nos puede ayudar a reducir costes, mejorar nuestra imagen, ayudar al medio ambiente, etc., sino que a través de él podemos encontrar nuevas oportunidades de negocio.

«SI NO HAY SENTIDO DE CONFIANZA EN LA ORGANIZACIÓN, SI LAS PERSONAS VIVEN PREOCUPADAS POR CUBRIRSE LAS ESPALDAS…LA CREATIVIDAD SERÁ UNA DE LAS PRIMERAS VÍCTIMAS» NAPOLEÓN

(..) Vusotros qu'atendéis a las lerturas
sin queär en los jierros ni las juellas,
qu'asina como'l tren vais por la vida,
retumbando y depriesa [...]
Extraído del libro de versos EL MIAJÓN DE LOS CASTÚOS de Luis Chamizo.
Reflexión aportada por María del Carmen Rudilla López (Azuaga)

Pese a que son aspectos muy genéricos, hay muchas maneras de ponerlos en práctica en una empresa y no tiene porqué significar un coste elevado para una empresa, sino todo lo contrario, nos puede ayudar a ahorrar gastos y aumentar ingresos en el mediano-largo plazo. Parece complicado, pero no lo es.

Es tan sencillo como aplicar un poco de sentido común a nuestra actividad empresarial. Las opciones son múltiples. Minerva García, de Idearium30.com nos propone estos ejemplos:

- Mejorar la calidad de vida de los trabajadores ayudándoles a conciliar la vida familiar con la laboral; un trabajador satisfecho es el mejor comercial que puede tener una empresa.
- Crear productos específicos que se ajusten a las necesidades de los clientes e involucrarlos en las acciones de responsabilidad de la empresa: un cliente involucrado emocionalmente es un cliente fiel.
- Realizar actividades que aporten valor a la comunidad: ayudar a la comunidad además del bien social que comporta aporta valor a la marca, visibilidad, posicionamiento, branding...
- Realizar productos ecológicos con materiales reciclados, etc.:

Otra opción es invertir en innovación para cuidar al entorno, además del bien ecológico que aporta, genera publicity, cobertura en medios de comunicación, visibilidad, valor, etc.

Por desgracia y, pese a que es más sencillo de lo que parece, no todas las empresas optarán por el marketing del futuro en sus valores de empresa, pero aquellas que lo hagan, estarán dando un paso de gigante hacia el éxito empresarial y el reconocimiento social.

INICIATIVAS DE COMUNICACIÓN CREADORAS DE VALOR SOCIAL

Comsolidar es una agencia de Comunicación Solidaria formada por alumnos y profesores pertenecientes a la Facultad de Ciencias de la Comunicación que trabajan sin ánimo de lucro desarrollando labores de comunicación para ONG, movimientos sociales y sociedad civil organizada que no poseen los recursos necesarios para llevarlas a cabo dando así una posibilidad a estas organizaciones de proyectar y compartir sus mensajes además de conseguir tener presencia social.

Comsolidar
Comunicación Solidaria

Agencia de Comunicación Solidaria formada por alumnos y profesores de la UMA.
@comsolidar_

Detalle de la web de diseño monografica.org y su edición especial
dedicada al activismo social

// **monográfica**.org
revista temática de diseño

«El diseño actual ha saciado solamente los deseos, mientras que las necesidades genuinas del hombre han sido descuidadas por el diseñador.» V. Papanek

Raquel Pelta | Javi Sastre

El diseño es un factor dominante en nuestras sociedades modernas. Sin embargo, para un buen número de personas se asocia con ideas tales como las de rareza, exclusividad, excentricidad y elegancia. Por su parte, son muchas las empresas e instituciones que lo conciben como un valor añadido.

Aunque, desde luego, los diseñadores no están de acuerdo ni se sienten cómodos con ninguna de estas visiones, hay que reconocer que, desde el propio entorno del diseño, a veces contribuimos a mantenerlas en la medida en que valoramos extraordinariamente lo que es tendencia y nos olvidamos de que, como ha puesto de relieve Klaus Wolbert, el «diseño no se ocupa solamente de diseñar objetos, sino que continuamente da forma a la humanidad».

Y es que el diseño se encuentra en cualquier campo de nuestra vida pues conforma nuestra cultura material. Por eso, quizá, es tan difícil delimitar con claridad qué es el «diseño social».

No entraremos aquí a definirlo, pues ya se encarga de ello este libro pero, al igual que Victor Margolin, pensamos que es aquel que intenta contribuir al bienestar social y, sobre todo, consideramos que es un diseño consciente de las implicaciones éticas que tiene el acto de diseñar. Como dice Tony Fry: «El 'estado del mundo' y el estado del diseño necesitan ir a la par»

« [...] En el libro Activism! Direct Action, Hacktivism and the Future of Society, Tim Jordan lo describe como un compromiso moral, ya que busca proponer una sociedad mejor. Basándose en sus conceptos, Jandré Corrêa Batista y Gabriela da Silva Zago dicen que el activismo se caracterizaría por las acciones colectivas que demandan transgresión y solidaridad, entendiendo por transgresión la oposición a cierta situación social con vistas a su transformación y por solidaridad, su sentido colectivo de apoyo mutuo en busca de esa transgresión. Según estos autores, estos dos aspectos formarían el presupuesto esencial del activismo: carácter colectivo-solidario orientado al cambio social. Por su parte, Érico Gonçalves de Assis lo entiende como una acción política indirecta desvinculada del campo institucional. [...]»

Para seguir leyendo este excepcional editorial sobre activismo no olvides visitar su número especial en WWW.MONOGRAFICA.ORG/02

// activismo ciudadano
ejemplos de acción aplicados a una misma realidad

Petición dirigida a: Ferrocarrils Generalitat Catalunya (FGC)

Ferrocarrils Generalitat Catalunya: Retiren APP mòbil per denunciar-se entre ciutadans / Retiren APP móvil para

EL MIÉRCOLES 29 DE AGOSTO DE 2012
El Camp de Morvedre

Ferrocarrils elimina la opción de denunciar a mendigos tras el éxito de la campaña de un saguntino

▶ Miquel Rubio ha recabado 54.000 apoyos, pero mantiene su iniciativa hasta que se retire la aplicación

ADOLFO PABLOS SAGUNT

■ El saguntino, Miquel Rubio, no se conforma con la eliminación por parte de Ferrocarrils de la Generalitat de Catalunya (FGC) de la aplicación que permitía denunciar a mendigos como a músicos. El joven ha decidido continuar con sus protestas porque la empresa mantiene la aplicación, la opción de alertar las autoridades...

Miquel Rubio.

Rubio ha decidido seguir con su...

río una aplicación para teléfonos móviles en la que se permitía a los usuarios realizar acusaciones anónimas y avisar de ciertos comportamientos poco cívicos en los trenes y los andenes.

Entre éstos se encontraban la música ambulante o la indigencia, a lo que Rubio respondía indignado que era «vergonzoso que una institución pública realice estos ataques contra la dignidad e integridad de las personas».

Tal y como declara, «piensa que nuestra sociedad no está para hacer este tipo de actuaciones, delatarnos unos a otros, sacarnos los ojos de esta forma. Con acción...

Más información: http://miquelrubio.com
http://www.edusoinicis.com
@edusolnicis

Os presentamos el proyecto final de curso de nuestro alumno Miquel Rubio a través de sus propias palabras:

Miquel Rubio | @migrubio

FGC estrenó una nueva aplicación para móviles que permite a los viajeros avisar de «comportamientos incívicos» en trenes o andenes. El principal problema es que entre estos comportamientos denunciables se encontraba la indigencia o la música ambulante. Esta vergonzosa aplicación, incluso, permitía clasificar en la denuncia el 'tipo de mendigo o pedigüeño' del que se trata.

Nuestros dirigentes políticos tendrían que contemplar que, para que los ciudadanos colaboremos con la vida política, habrá que implementar una verdadera democracia participativa, es decir, desde la base de la toma de decisiones.

Este proyecto se llevó a cabo a través de la página change.org para la recogida de firmas y a través de blogs y redes sociales para informar de las noticias y novedades.

¿QUÉ SE HA CONSEGUIDO?

Más de 53.765 personas ya hemos firmado contra la aplicación de FGC que permitía denunciar la pobreza. Y por fin, pasados 20 días desde que iniciamos esta campaña, FGC ha echado marcha atrás y ya ha retirado este apartado de la aplicación móvil... Pero, todavía continúa dando opción a denunciarnos entre iguales y como continúan anunciando, de forma anónima.

Por eso, y promovido por el respaldo de muchas de las personas que habéis firmado la anterior petición, os invito a firmar de nuevo esta petición... Estoy muy convencido de que si vamos todos y todas juntos, conseguiremos nuestros objetivos, los políticos tienen que ser conscientes que gobiernan para el pueblo, incluido aquellos a los que condenamos a la exclusión social.

OTROS MODELOS DE AFRONTAR SOLUCIONES ANTE EL PROBLEMA DE LA MENDICIDAD

El ejemplo de Mark Horvath y su proyecto invisiblepeople.tv:

Para complementar la reflexiones aportadas por Miquel, os recomendamos las reflexiones de Mark Horvath, ahora conocido como @hardlynormal, y que en 2008 se dedicó a filmar las historias de personas sin hogar de Estados Unidos y compartirlos con la gente a través de InvisiblePeople.tv.

Se ha convertido en un activista reconocido internacionalmente, y es el embajador de miles de personas y familias que residen en refugios, moteles, tiendas de campaña en calles y bajo los puentes de carreteras en América del Norte. InvisiblePeople.tv va más allá de la retórica, las estadísticas, los debates políticos y las limitaciones de los servicios sociales para examinar la pobreza a través de un medio que el público de todas las edades puedan entender y, no se puede ignorar.

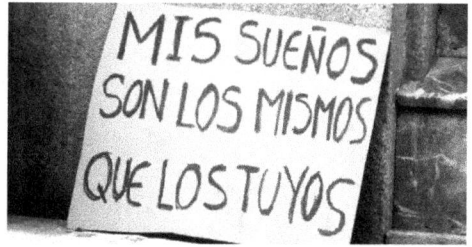

El ejemplo del proyecto de activismo *Dreaming the same*

Dreamingthesame.org es un proyecto internacional para transformar de forma creativa los mensajes que usan las personas que ejercen la mendicidad en las calles. Su objetivo es hacer a estas personas más visibles al mundo y abrir un debate social sobre esta situación.

El proyecto surge en The Family Business, un grupo de alumnos de Complot, Escuela de Creativos. Estos jóvenes están convencidos de que la creatividad sirve para mucho más que vender o crear imagen de marca. Dreaming the Same era una propuesta destinada inicialmente a los antiguos alumnos de la Escuela pero la idea entusiasmó a tanta gente y se extendió tan rápido por la red, que adquirió dimensiones internacionales en muy poco tiempo.

Buena nota deberíamos tomar para constatar que frente a una misma realidad hay muchas formas de actuar. Podemos ser cómplices de ella o bien, mediante la acción social, ayudar a mejorarla.

Si tú también tienes una idea, prueba a ponerla en práctica. Si no sabes cómo, tan solo escríbenos.

// **biblioteca** indignada

El libro del nonagenario Stéphane Hessel llegó justo a tiempo para convertirse en la bandera, o en la marca no registrada, de un movimiento social. Y, además, en la punta de lanza de un fenómeno editorial. Detrás han venido imitaciones y réplicas pero también una segunda oportunidad para autores que llevan años ofreciendo propuestas y referentes ideológicos alternativos. Y una nueva generación de literatura de combate, panfletaria en el mejor sentido de la palabra.

Libros como *¡Indignaos!* y la obra colectiva Reacciona, aunque no son ensayos en profundidad, han servido para provocar a la gente. Pero la biblioteca de referencia del movimiento es mucho más amplia y aunque estos libros han sido la base, el movimiento ha ido escribiendo en la red sus propias reflexiones.

«EN CUESTIONES DE CULTURA Y SABER, SOLO SE PIERDE LO QUE SE GUARDA; SOLO SE GANA LO QUE SE DA» ANTONIO MACHADO

La lectura es un arma cargada de presente

ilustración: ángulocasirecto

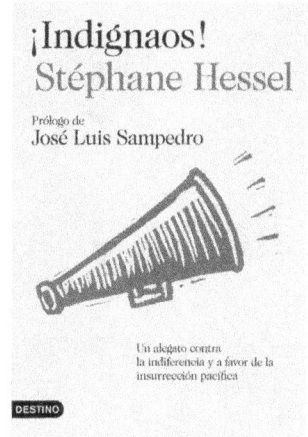

The astonishing international bestseller
Over 1 million copies sold in France

INDIGNEZ-VOUS!

STÉPHANE HESSEL

BILINGUAL EDITION

'Governments, by definition, don't have a conscience.'
ALBERT CAMUS

¡Indignaos!
Stéphane Hessel

Prólogo de
José Luis Sampedro

Un alegato contra
la indiferencia y a favor de la
insurrección pacífica

DESTINO

// indignez-vous

«El fundamental
motivo de la resistencia
fue la indignación.
[…] Apelamos a las
jóvenes generaciones
[…] coged el relevo,
¡INDIGNAOS!
Los responsables
políticos económicos,
intelectuales y
el conjunto de la
sociedad no pueden
claudicar ni dejarse
impresionar por la
DICTADURA ACTUAL
DE LOS MERCADOS
FINANCIEROS QUE
AMENAZA LA PAZ Y LA
DEMOCRACIA»

¡Indignaos! (Indignez-vous! en el original en francés) es un libro escrito por Stéphane Hessel en 2010. El autor, exdiplomático francés, excombatiente de la resistencia francesa internado en campos de concentración durante la Segunda Guerra Mundial fue también uno de los redactores de la Declaración Universal de Derechos Humanos de 1948.

En palabras de su autor, la «obra exhorta a los jóvenes a indignarse, dice que todo buen ciudadano debe indignarse actualmente porque el mundo va mal, gobernado por unos poderes financieros que lo acaparan todo». Explica que, aunque «nos jugábamos la vida», en su época lo tenían más fácil por tener adversarios más definidos: Hitler y Stalin. Sin embargo, «... los jóvenes de ahora se juegan la libertad y los valores más importantes de la humanidad».

A lo largo de las 32 páginas del librito, el autor de 93 años hace una breve referencia a su participación en la Resistencia francesa. Tras ser capturado y torturado por la Gestapo, una vez terminada la guerra, se convirtió en diplomático. Explica, asimismo, los valores de la Resistencia y de los Derechos Humanos incluida su postura como judío ante la vulneración de los mismos por parte del Estado de Israel, y termina haciendo un llamamiento a los jóvenes a emprender la acción no violenta para rebelarse contra los poderes del capitalismo, a una «insurrección pacífica».

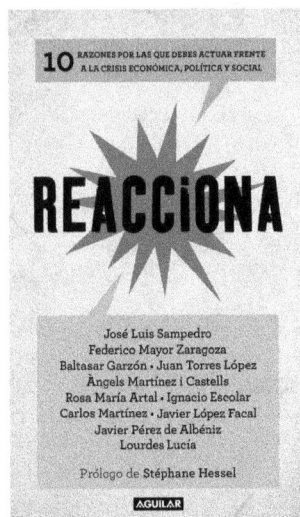

// REACCIONA

El libro *Reacciona* se considera una secuela de *¡Indignaos!,* tanto por su temática como por el espíritu de sus autores. El libro está editado en España en 2011 por la editorial Aguilar y reúne artículos de José Luis Sampedro, Baltasar Garzón, Federico Mayor Zaragoza, Javier Pérez de Albéniz, Javier López Facal, Carlos Martínez Alonso, Ignacio Escolar, Rosa María Artal, Àngels Martínez i Castells, Juan Torres López y Lourdes Lucía.

Coordinado por la periodista Rosa María Artal, pretende alertar de la crisis política que recorre las sociedades actuales y, en particular, la sociedad española y de la necesidad de respuesta social a la corrupción, a los poderes financieros y económicos y a los poderes políticos, alejados cada vez más de la ciudadanía.

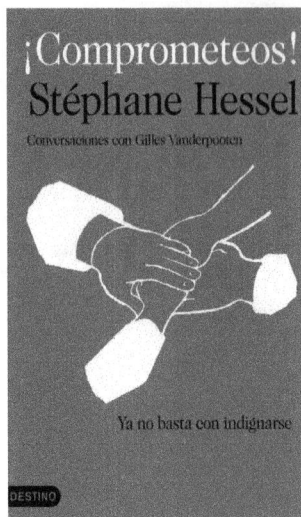

// COMPROMETEOS

¡Comprometeos! / Engagez-vous!

Es otro libro de Stéphane Hessel escrito junto a Gilles Vanderpooten publicado en marzo de 2011 en Francia y en junio de 2011 en España con el título *¡Comprometeos!*

Es una entrevista entre Hessel, de 93 años, y Vanderpooten, de 25 años, sobre los derechos humanos, la lucha contra la desigualdad y la ecología.

Hessel muestra su preocupación por la diferencia inconmensurable entre las fuerzas políticas y los jóvenes así como la degradación del planeta y el medio ambiente como uno de los mayores desafíos para la movilización de la generación más joven.

// HAY ALTERNATIVAS

Propuestas para crear empleo y bienestar social en España es un libro de los autores Vicenç Navarro López, Juan Torres López y Alberto Garzón Espinosa, prologado por Noam Chomsky, editado en España en 2011 por la editorial Sequitur con la colaboración de Attac España en el que se analiza la crisis económica de 2008-2011, con especial referencia a crisis económica y la crisis inmobiliaria española de 2008, sus causas, los efectos y las posibles soluciones.

El objetivo de demostrar que existen otras vías, otras alternativas dirigidas a la creación de empleo y generar bienestar social frente al crecimiento del desempleo en España y el deterioro del Estado del bienestar. El libro está dedicado al movimiento 15-M y a quienes rechazan las políticas neoliberales que recortan derechos sociales.

// josé luis sampedro

Bajo el epígrafe 'Qué hago con mi dinero' el escritor de 95 años José Luis Sampedro nos da en cada intervención pública una lección de lucidez. Recogemos algunas de sus palabras para la entrevista realizada en el programa *Salvados*, dirigido por Jordi Évole.

«Nos han educado para ser productores y consumidores pero no para tener pensamiento propio.»

José Luis Sampedro aportó su versión de la crisis económica. Sus argumentos giraron en torno a una idea central: el poder del miedo que ejercen los gobernantes sobre la sociedad para así tenerla controlada. Es una idea similar a la que podemos encontrar en el documental de la BBC *El poder de las pesadillas.*

«Que la gente acepte los recortes y los vea casi necesarios se debe a una de las fuerzas mas importantes que motivan al hombre: el miedo. Gobernar a base de miedo es eficacísimo. Si usted amenaza a la gente con que los va a degollar, luego no los degüella, pero los explota, los engancha a una carro... Ellos pensarán: bueno, al menos no nos ha degollado.», explicó Sampedro, asemejando esa situación extrema con lo que sucede en la sociedad actual.

«La libertad de expresión no tiene sentido si no se tiene libertad de pensamiento.»

Sampedro también explicó a Évole su visión sobre el capitalismo que, según él, es un sistema económico que «está agotado».

«Fue fantástico, pero se creó para una situación del mundo que hoy ha cambiado y ahora ya no funciona», argumentó el escritor.

«En la universidad te enseñan a hacer las cosas, pero no cómo son las cosas.»

«El tiempo no es oro; el tiempo es vida».

Pero de todas nos quedamos con esta gran frase: *«Existe el derecho a la vida, pero también existe, y es más importante, el deber de vivirla.»*

José Luis Sampedro nació en Barcelona, en 1917. Es un escritor, humanista y economista que aboga por una economía «más humana, más solidaria, capaz de contribuir a desarrollar la dignidad de los pueblos»

En 1981 publicó *Octubre, octubre,* una extensa novela que le había ocupado veinte años de trabajo y que él mismo ha calificado como «su testamento vital». Pero fue *El amante lesbiano,* publicada en el año 2000, la que acaparó la atención de la crítica.

Brillantemente lúcido, ya casi centenario, ejerce su humanismo crítico acerca de la decadencia moral y social de occidente, del neoliberalismo y las brutalidades del capitalismo salvaje.

Las protestas en España de mayo de 2011 lo han vuelto a poner de actualidad por su apoyo al movimiento y la colaboración en el libro *¡Indignaos!* de Stéphane Hessel, cuyo prólogo en español lo escribió Sampedro.

// **documentales** que te ayudarán a entender las cosas importantes

«UN ALEGATO CONTRA LA INDIFERENCIA Y A FAVOR DE LA INSURRECCIÓN PACÍFICA»

// ZEITGEIST

Zeitgeist: Moving Forward es la tercera película-documental de la serie *Zeitgeist* hecha por Peter Joseph. Tiene cuatro partes. Cada parte es una mezcla de entrevistas, narración, secuencias de animación.

Parte I: Naturaleza Humana
La discusión principal planteada en esta primera parte gira en torno al comportamiento humano contra naturaleza humana. La conclusión de esta primera parte es que el entorno social y cultural condiciona en gran parte el comportamiento humano.

Parte II: Patología Social
Empieza explorando el paradigma de nuestra economía moderna. Se cuestiona la necesidad de propiedad privada, dinero y la inherente desigualdad entre agentes del sistema. También critica la necesidad del consumo cíclico para mantener la cuota de mercado a pesar del desperdicio de recursos, la contaminación y otros efectos negativos.

Parte III: Proyecto Tierra
Para mejorar la condición humana, la película presenta una economía alternativa basada en recursos, autogestión y sostenibilidad.

Parte IV: Alzamiento
La película cierra con una escena de ficción de manifestantes en Times Square (Nueva York) en motines mundiales en medio de una depresión económica global. La escena final muestra una perspectiva de la Tierra desde el espacio con estos tres mensajes: «Este es tu mundo», «Este es nuestro mundo», «La revolución es ahora».

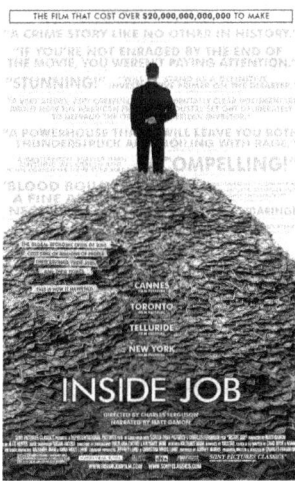

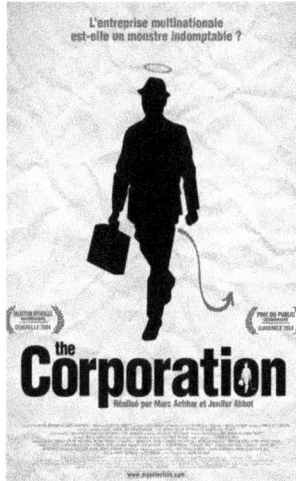

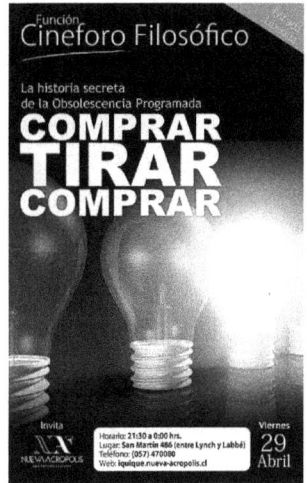

// INSIDE JOB

Documental de 2010 sobre la crisis financiera de 2008 dirigido por Charles Ferguson.

Uno de los temas principales es la presión de la industria financiera en los procesos políticos con el fin de evitar las regulaciones, y las maneras en que se realizaron dichas presiones.

Una situación abordada es la conocida como «puerta giratoria», caracterizada por el amiguismo y la colisión entre el sector público y privado, un sistema en el cual los reguladores financieros pueden ser contratados por el sector financiero tras dejar el gobierno y ganar millones en el proceso.

La cinta termina afirmando que, a pesar de las últimas regulaciones financieras, el sistema subyacente no ha cambiado. Por el contrario, los bancos restantes son aun más grandes y los incentivos siguen siendo los mismos.

// LA CORPORACIÓN

The Corporation es un documental dirigido por Mark Achbar y Jennifer Abbott que se interna en el mundo empresarial psicopático. Está basado en el libro con el título *La Corporación, la persecución patológica del beneficio y el poder,* de Joel Bakan.

Con entrevistas realizadas tanto a ejecutivos de multinacionales, brokers de bolsa, espías industriales, así como, activistas y pensadores contra la globalización (Noam Chomsky, Naomi Klein y Michael Moore, entre otros) se analiza el comportamiento de las multinacionales.

Sometiéndole a un test psiquiátrico propuesto por la Organización Mundial de la Salud, Joel Bakan demuestra que *La Corporación* responde al perfil de un psicópata.

// COMPRAR, TIRAR, COMPRAR

Comprar, tirar, comprar es un documental de Cosima Dannoritzer sobre obsolescencia programada, es decir, la reducción deliberada de la vida de un producto para incrementar su consumo.

Rodado en España, Francia, Alemania, Estados Unidos y Ghana, este documental hace un recorrido por la historia de una práctica empresarial que consiste en la reducción deliberada de la vida de un producto para incrementar su consumo.

Gran parte de los productos que compramos en la actualidad están hechos para que dejen de funcionar pasado un determinando tiempo. De esta forma, sus fabricantes obligan al consumidor a comprar un producto nuevo, incrementando sus ingresos y, por tanto, sus beneficios.

Esa programación del fin de la vida útil de un producto se denomina obsolescencia programada.

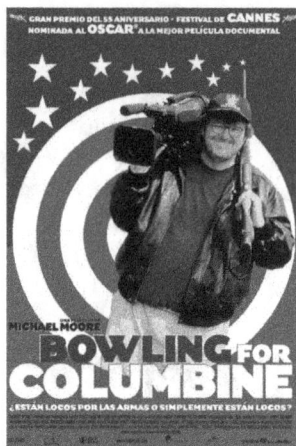

// BORN INTO BROTHELS

Born into Brothels: Calcutta's Red Light Kids (en Hispanoamérica, *Los Niños del Barrio Rojo*) es un documental estadounidense del año 2004.

El filme muestra la aventura de la fotógrafa inglesa Zana Briski en el barrio rojo de Calcuta, India. Allí conoce a un grupo de niños, hijos de las prostitutas que trabajan en ese sector. Briski simpatiza con ellos y les enseña fotografía.

Luego organiza una exposición artística con las mejores imágenes tomadas por los niños. Posteriormente, intenta sacar a los chicos de la pobreza y llevarlos a una escuela.

Han surgido críticas sobre si el documental ha servido para mejorar realmente la vida de los niños.

Las críticas argumentaban que las vidas y las circunstancias familiares eran demasiado complejas para ser cambiadas con solo educar a uno de los miembros de la familia, o únicamente por el hecho de enviarlos a un centro escolar.

// BOWLING FOR COLUMBINE

El documental fue producido y protagonizado por Michael Moore. Toma como punto de partida la masacre del instituto Columbine (trágico tiroteo que tuvo lugar en 1999 en el Columbine High School) para realizar una reflexión acerca de la naturaleza de la violencia en los EE.UU.

En el documental se tratan varios temas: la violencia en las escuelas estadounidenses, el uso de armas por parte de civiles y la «Teoría del miedo».

Se muestra, desde el punto de vista de Moore, cómo los ciudadanos estadounidenses viven absortos en el miedo y la ignorancia causados principalmente por los medios de comunicación, y hace mucho énfasis en el hecho de que la única salida que encuentre la mayoría de la población sea la posesión de armas de todo tipo y que su comercialización sea tan natural que cualquier persona pueda adquirirlas en un supermercado.

// EL MUNDO SEGÚN MONSANTO

Documental francés sobre la multinacional norteamericana Monsanto, la historia de la compañía y sus productos comerciales; como el PCB, los OGM, el Agente Naranja, la Hormona bovina o Somatotropina bovina, y su popular Roundup (Glifosato).

El mundo según Monsanto también es un libro de investigación escrito por la misma autora, traducido a 11 lenguas. Su autora, Marie Monique Robin, es ganadora del premio Noruego *Rachel Carson Prize* de 2009 dedicado a mujeres ambientalistas.

El documental muestra a la misma autora Marie Monique Robin, investigando y extrayendo información de la misma Internet. Haciendo entrevistas y reconstruyendo así un complicado puzzle sobre la historia de Monsanto.

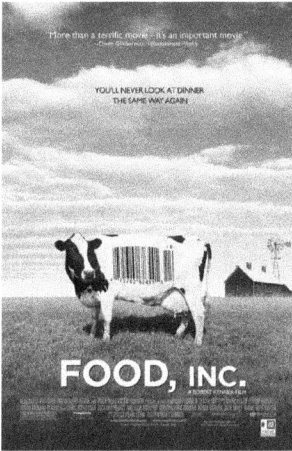

// FOOD, INC

Documental estadounidense de 2008 dirigido por el cineasta Robert Kenner. El filme está ligeramente basado en el bestseller de «no ficción» del 2001 *Fast Food Nation,* de Eric Schlosser, y *The Omnivore's Dilemma* de Michael Pollan.

La trama parte del punto de vista de la industria alimentaria estadounidense, relatada con mucho realismo, entrevistas en primera persona con los productores, agricultores y granjeros, comandados por las grandes multinacionales con las que tienen contrato de servicio.

Un contrato que les pone numerosas cláusulas estudiadas sobre cría, alimentación y aspectos claves del crecimiento y desarrollo de los animales. Por ejemplo, la alimentación en base a piensos manipulados específicamente en laboratorio para que los animales se desarrollen de forma más voluminosa (con más carne), en mucho menos tiempo.

// WAITING FOR SUPERMAN

La película está dirigida por Davis Guggenheim (ganador del Óscar por *Una verdad inconveniente*), se enfoca en los problemas del sistema educativo estadounidense.

Una reflexión sobre las diferencias entre las escuelas públicas y privadas, los buenos y malos profesores, el problema educativo del aprendizaje y todas las diferentes alternativas de acción.

En la película se reflejan los puntos de vista de los profesores, destacadas personalidades, autoridades de la educación, el sindicato de educación, el gobierno, las familias y los propios estudiantes, tratando de ofrecer un panorama sincero de la situación escolar del país.

En el reparto aparecen aportando sus opiniones Geoffrey Canada, Michelle Rhee, Bill Strickland, Randi Weingarten y Bill Gates, entre otros.

// EL FENÓMENO FINLANDÉS

Documental dirigido por Bob Compton que cuenta con la participación del investigador de Harvard Dr. Tony Wagner.

El film analiza las claves del éxito del modelo educativo de Finlandia, el cual ha ocupado de manera continuada los primeros puestos en el ranking de mejores modelos educativos del mundo. El investigador analiza las particularidades del sistema y las compara con el modelo educativo norteamericano.

En Finlandia hay un sistema educativo muy diferente al del resto de países, y es un éxito total que les lleva a ganar premios en todos los ámbitos. Los alumnos estudian menos, tienen menos tareas, en tanto que los profesores reciben un sueldo competitivo y se encuentran totalmente implicados en su trabajo.

// noticias positivas

«CUANTO MENOS SE LEE, MÁS DAÑO HACE LO QUE SE LEE»
MIGUEL DE UNAMUNO

«SOLO UNA VIDA VIVIDA PARA LOS DEMÁS MERECE LA PENA SER VIVIDA».
ALBERT EINSTEIN

Reflexión aportada
por Alberto Durán.

Por Daniel Jiménez Lorente | @DJimenez32

Decía el filósofo norteamericano John Dewey que una sociedad libre debe producir personas libres. Es decir, personas con capacidad de elección y de discernimiento; de comprender lo que les pasa y de ser capaces de cambiar su situación si así lo deciden. Para que esto sea posible, es necesario que las personas tengan garantizado el acceso al conocimiento, y sepan, además, manejar de forma crítica la información que recibe.

Así sucede a menudo con las escuelas, donde se suelen reproducir los códigos socialmente imperantes. También con los medios de comunicación, que en multitud de ocasiones no hacen otra cosa que insistir en las tesis que benefician a sus dueños corporativos.

En nuestra vida cotidiana también encontramos situaciones en las que aceptamos modelos como «realidad», por ejemplo, si nos dicen que la humanidad está llena de codicia y egoísmo, esto puede ser interiorizado e (inconscientemente) imitado.

Citamos la escuela y los medios de comunicación porque son claramente las dos principales fuentes de acceso al conocimiento. En consecuencia, una educación y unos medios de comunicación repetidores de las mismas doctrinas dan como resultado unos individuos no libres, sino adoctrinados, independientemente de lo lejos que hayan llegado en su formación.

Centrándonos más en los medios de comunicación, que son nuestro campo, uno de los fenómenos más preocupantes que percibimos en la actualidad es la insistencia

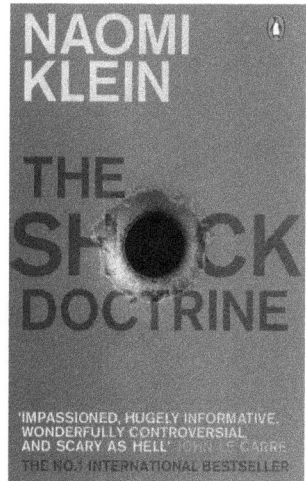

The Shock Doctrine: The Rise of Disaster Capitalism

en informaciones de contenido negativo. Este hecho no se debe única y exclusivamente al carácter morboso y sensacionalista de la prensa. También hay detrás una clara intención económica y política.

La periodista Naomi Klein lo define muy claramente en su libro *La doctrina del shock,* donde expone la tesis de que el capitalismo sabe aprovechar las crisis para reforzarse a sí mismo. De hecho, cada catástrofe económica o humanitaria supone una coartada perfecta para adoptar medidas traumáticas sobre la población, que las acepta porque se transmite el mensaje de «no hay otra salida». Esta crisis económica es un claro ejemplo de ello.

El mensaje de «no hay otra salida» significa también que «no hay otra economía que la nuestra«, «no hay otra forma de acceder al conocimiento que la nuestra» o «no hay otra forma de medicina que la nuestra». No hay, en suma, alternativas. Este es el corolario de esta información negativa y uniformizadora que transmiten los medios de comunicación convencionales.

Para romper este círculo de adoctrinamiento hay que ampliar las fuentes de información. Demostrar que no es cierto que no haya otra economía, otra forma de acceder al conocimiento u otra medicina. Demostrar que hay alternativas, y sobre todo, que estas alternativas funcionan. Esta es la principal razón de que sea necesaria la existencia de medios de comunicación libre como la web de *Noticias Positivas* y *En positivo*.

La doctrina del shock: el auge del capitalismo del desastre, es un libro de 2007 de la periodista canadiense Naomi Klein.

El libro sostiene que las políticas económicas del Premio Nobel Milton Friedman y de la Escuela de Economía de Chicago han alcanzado importancia en países con modelos de libre mercado no porque fuesen populares, sino a través de impactos en la psicología social a partir de desastres o contingencias, provocando que, ante la conmoción y confusión, se puedan hacer reformas impopulares. Se supone que algunas de estas perturbaciones, como la Guerra de las Malvinas, el 11 de septiembre, el Tsunami de 2004 en Indonesia, o la crisis del huracán Katrina pudieron haber sido aprovechadas con la intención de forzar la aprobación de una serie de reformas.

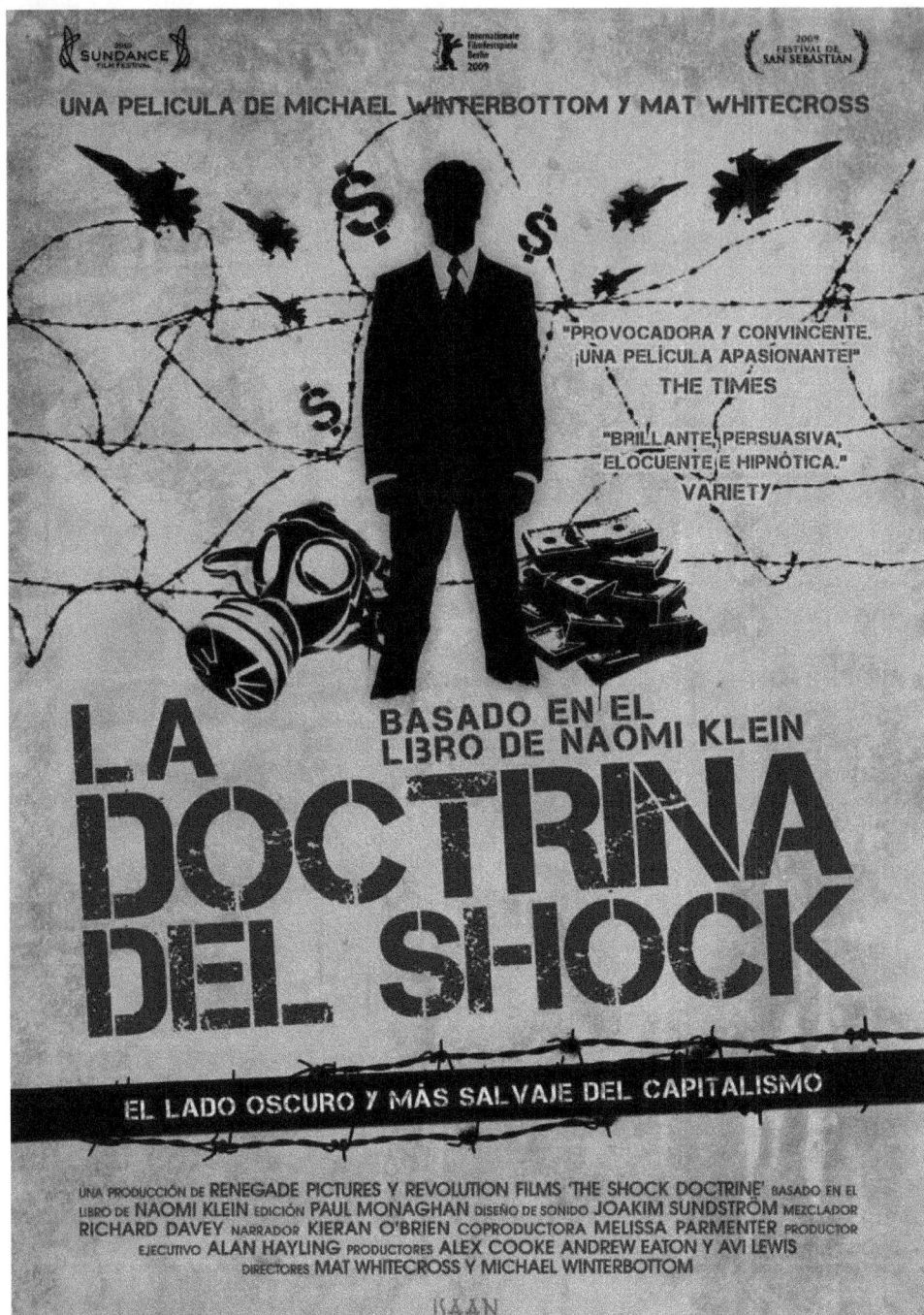

Doctrina del shock

La doctrina del shock (en inglés The Shock Doctrine) es una película
documental estrenada en 2009, basada en el libro homónimo de Naomi Klein,
dirigida por Michael Winterbottom y Mat Whitecross.
Es una investigación sobre el capitalismo del desastre, basada en el
planteamiento de Naomi Klein de que el capitalismo neoliberal se alimenta de
los desastres naturales, de la guerra y el terror para establecer su dominio.

En una democracia, las personas tienen la libertad para decidir y llevar a cabo sus decisiones, según la opinión y deseo a su propio interés o colectivo. Utilizar su derecho fundamental a la libertad de opinión y expresión, así como el acceso a una información proporcionada por los medios de comunicación, totalmente verídica y contrastada con la realidad, que le permita crear un estado de opinión crítica respecto a la actualidad.

De la misma forma, la educación dentro de una sociedad democrática, tiene el deber de garantizar el aprendizaje de las personas con el fin de que lleguen a conseguir el pleno desarrollo de sus vidas como ciudadanos, ofreciéndoles las herramientas intelectuales necesarias para adquirir los conocimientos, valores, costumbres y formas de actuar en su proceso de emancipación.

Agustín Menéndez Méndez
facebook.com/diedro.forma

Estos elementos son fundamentales en la estructura de la cultura, donde existe toda sociedad, en cuanto a unas bases establecidas en el sistema socio-político en que vive.

RECOMENDADO:
Simiocracia, crónica de la Gran Resaca Económica

Book-trailer editada por DeBolsillo.
Más información en aleixsalo.com
Créditos Book-trailer:
Guion, ilustraciones, narración: Aleix Saló
Animación y soporte técnico: Àlex S. Roca y Oleguer Roca de Estudi Quarantados
quarantados.com y Albert Cordero Audio y sintonías: Freesoundproject

// indefensión aprendida

La «indefensión aprendida» hace referencia a la condición de un ser humano o animal que ha aprendido a comportarse pasivamente, sin poder hacer nada y que no responde a pesar de que existan oportunidades para ayudarse a sí mismo, evitando las circunstancias desagradables o mediante la obtención de recompensas positivas.

La teoría de indefensión aprendida se relaciona con depresión clínica y otras enfermedades mentales resultantes de la percepción de ausencia de control sobre el resultado de una situación. Aquellos organismos que han sido ineficaces o menos sensibles para determinar las consecuencias de su comportamiento se dicen que han adquirido indefensión aprendida (¿aplicable a aquellas personas que «no van a votar»?).

La mayor parte de esta manipulación mediática y política está encaminada a postrarnos en un estado de shock, para que, temerosos y paralizados, no reaccionemos ante las injusticias sociales y las pérdidas de derechos que se nos imponen al ser tratadas como «inevitables» y motivadas por un «poder superior» muy alejado de nosotros.

Las leyes, recortes, medidas y ajustes de los gobiernos o la junta directiva de una empresa nos son administrados gradualmente como un veneno que nos somete a una ansiedad constante, que cuentan, además, con el falso legitimador de los medios de comunicación y líderes de opinión.

Para que esto sea posible, es necesario que las personas tengan garantizado el acceso al conocimiento y sepan, además, manejar de forma crítica la información que recibe. Mediante el poder actual de los medios de comunicación, como nuestra principal fuente de información y análisis de la realidad, es posible inducir este estado depresivo en buena parte de la población para mantenerla en un estado de pasividad. A esta sutil estrategia debemos sumar muchas más aunque entre ellas, también destacan el efecto «cortina de humo» para desviar nuestra atención.

"HABRÁ MÁS CRISIS, MIENTRAS FALTE ÉTICA. ¿QUÉ VAS A HACER TÚ?" JUAN L. GOMIS MARTÍ @SAMBORI

LA INDEFENSIÓN APRENDIDA ES LA ANTESALA DE LA DEPRESIÓN. NO HACER NADA PORQUE SE PIENSA QUE YA TODO ES INÚTIL.

Terrible, ¿verdad? Pero más terrible aún es el darnos cuenta de que esta inoculación de indefensión aprendida es lo que están haciendo ahora mismo con nosotros. Nos tratan de convencer de que aceptemos resignadamente pérdidas de derechos y privatizaciones de bienes públicos sin resistir ni protestar. La consigna: que hagamos lo que hagamos no va a servir para nada.

AUTOCULPABILIDAD

Consiste en hacer creer al individuo que es solamente él el culpable por su propia desgracia, por causa de la insuficiencia de su inteligencia, de sus capacidades, o de sus esfuerzos. Así, en lugar de rebelarse contra el sistema económico, el individuo se autodesvalida y se culpa, lo que genera un estado depresivo, uno de cuyos efectos es la inhibición de su acción. Y, sin acción, no hay opción de cambio.

En países como Grecia, Portugal, Italia o España, donde llevamos tiempo sufriendo este salvaje saqueo de lo común, la depresión se extiende como una epidemia entre las clases populares y el número de suicidios se dispara.

De hecho, cada catástrofe económica o humanitaria supone una coartada perfecta para adoptar medidas traumáticas sobre la población, que las acepta porque se transmite el mensaje de «no hay otra salida». Esta crisis económica es un claro ejemplo de ello.

El mensaje de «no hay otra salida» significa también que «no hay otra economía que la nuestra«, «no hay otra forma de acceder al conocimiento que la nuestra», o «no hay otra forma de medicina que la nuestra». No hay, en suma, alternativas. Este es el corolario de esta información negativa y uniformizadora que transmiten los medios de comunicación convencionales.

Los políticos y directivos de empresa se presentan en la opinión pública, a pesar de los beneficios personales y empresariales que siguen obteniendo gracias a sus política y en detrimento de otros sectores de beneficio público, como ejecutores carentes de responsabilidad moral o legal.

MARTIN SELIGMAN

A finales de los años 60, el psicólogo Martin Seligman realizó un experimento. Dentro de una caja de laboratorio, un perro era expuesto a shocks eléctricos que no podía evitar. En cambio, en otra caja, otro perro sí que podía interrumpir esos shocks pulsando una palanca.

Más tarde, los perros eran situados sobre una superficie electrificada de la que podían escapar simplemente saltando una barrera.

El perro que había podido controlar de alguna manera los shocks, saltaba la barrera, mientras que el otro perro, en lugar de buscar la salida exitosa a la situación adversa, permanecía aguantando las descargas de manera pasiva. Había, pues, «asimilado» su indefensión.

¿Para qué gastar energías sabiendo que de los estímulos adversos no se puede escapar?

Como al perro víctima del experimento de Seligman, se nos somete a unos shocks (nombrados por los eufemismos «ajustes» o «recortes») que, al parecer, no podremos evitar por mucho que hagamos huelgas, acciones de concienciación o nos manifestemos o bien, se castiga a ellos que lo hacen.

«MANTENER LA ATENCIÓN DEL PÚBLICO DISTRAÍDA, LEJOS DE LOS VERDADEROS PROBLEMAS SOCIALES, CAUTIVADA POR TEMAS SIN IMPORTANCIA REAL. MANTENER AL PÚBLICO OCUPADO, OCUPADO, OCUPADO, SIN NINGÚN TIEMPO PARA PENSAR; DE VUELTA A GRANJA COMO LOS OTROS ANIMALES.» CITA DEL TEXTO *ARMAS SILENCIOSAS PARA GUERRAS TRANQUILAS*

Entre todos podríamos hacer una interesante selección de declaraciones públicas que nos indican claramente esta línea argumental en el último año:

- «A veces la mejor decisión es no tomar ninguna decisión, que también es tomar una decisión.»
Nota: 13 de febrero de 2013.
Fuente: Libertad Digital

- «Las medidas que tomamos hacen daño a la gente, pero son imprescindibles»
Fuente: Rajoy: «Las medidas que tomamos hacen daño a la gente, pero son imprescindibles», 20 Minutos, 19 de noviembre de 2012

- «Si no puedo bajar los gastos y no puedo subir los ingresos, me puede explicar usted cómo se reduce el déficit público? Porque yo confieso que lo desconozco»
Fuente: Rajoy: 'Este Gobierno tiene que elegir entre un mal y un mal peor', El Mundo, 18 de julio de 2012.

- Yo prefiero no subir el IVA en 2013 pero también le digo que si en ese momento es bueno subir el IVA lo haré y haré cualquier cosa aunque no me guste y haya dicho que no lo voy a hacer.»
Fuente: Público

Cuándo la situación se alarga en el tiempo, como actualmente sucede en España, los políticos pueden incluso a presentarse ante la opinión pública como víctimas ellos mismos de indefensión aprendida.

En definitiva, lo que estos gobernantes nos transmiten, al escenificar su indefensión, es que nuestro país ya no es

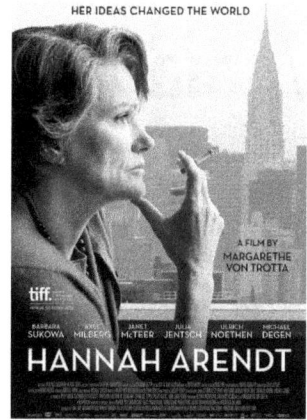

soberano, sino que está bajo las órdenes de los que en realidad mandan: los famosos «mercados» o bien, desde «Alemania» o «Bruselas».

Pero, ¿por qué no son sinceros y coherentes, dimiten y dejan que España se convierta en un «protectorado» del capital financiero, como lo son ya Italia o Grecia? Tal vez su papel en la estrategia del shock aún no se haya cumplido del todo. Todavía no estamos completamente sujetos a la indefensión aprendida. Pero, ¿podremos hacer algo para no ser vencidos del todo por ella?

Para romper este círculo de adoctrinamiento hay que ampliar las fuentes de la información. Demostrar que no es cierto que no haya otra economía, otra forma de acceder al conocimiento u otra medicina.

Demostrar que hay alternativas, y sobre todo, que estas alternativas funcionan. Esta es la principal razón de que sea necesaria la existencia de medios de comunicación libre como Noticias Positivas o Periodismo Humano.

RECOMENDADO
Busca en youtube:

- **Indefensión aprendida (subtitulado)**
  Una profesora es capaz de inducir indefensión aprendida a un grupo de alumnos en solo cinco minutos.
- **Indefensión aprendida (con créditos)**
  Explicación del proceso psicológico de indefensión aprendida utilizando la película *La lista de Schindler* como apoyo audiovisual.

HANNAH ARENDT

En su libro «Eichmann en Jerusalén,» Hannah Arendt expuso su concepto de banalidad del mal: un funcionario nazi mediocre como Adolf Eichmann fue capaz de poner en práctica asesinatos en masa, no por crueldad, sino simplemente porque actuaba dentro de las reglas del sistema al que pertenecía sin reflexionar sobre sus actos.

Lo que hizo Eichmann fue cumplir eficientemente con las órdenes que provenían de estamentos superiores, que es lo que hacen nuestros políticos en el gobierno respecto a los mandatos de quienes representan los intereses del capital financiero.

Todo ello sin poderse cuestionar las reglas a las que obedecen, ya que están cegados por los postulados de una ideología dominante, el neoliberalismo, que además legitima el hecho de que estos mismos gobernantes −o sus familiares o sus amigos− se enriquezcan, de una manera que nosotros consideraríamos inmoral, gracias a la pérdida de derechos sociales de los ciudadanos y a la privatización del sector público.

// **manipulación** mediática

NOAM CHOMSKY

Avram Noam Chomsky es un lingüista, filósofo y activista estadounidense. profesor emérito de Lingüística en el MIT (Instituto Tecnológico de Massachusetts) y una de las figuras más destacadas de la lingüística del siglo xx, gracias a sus trabajos en teoría lingüística y ciencia cognitiva.

Es, asimismo, reconocido por su activismo político, caracterizado por una fuerte crítica del capitalismo contemporáneo y de la política exterior de los Estados Unidos y de otros países, como Israel.

Chomsky también es uno de los detractores de la globalización, y esto se debe a su forma de entender la hegemonía del capitalismo moderno. Para Chomsky, Estados Unidos no cree en el libre comercio, sino que lo utiliza como un método mediante el que los países más fuertes imponen a los países pobres la obligación de cumplir con unas normas coercitivas y rígidas (la ley del embudo).

Ha sido señalado por el New York Times como «el más importante de los pensadores contemporáneos».

FUENTE:
http://es.wikipedia.org/wiki/Noam_
Chomsky

Reflexionábamos en líneas anteriores sobre la importancia de las «noticias positivas» frente a la Doctrina del Shock. Para alcanzar una sociedad libre es necesario que las personas tengan garantizado el acceso al conocimiento y sepan, además, manejar de forma crítica la información que recibe. En esta misma línea de pensamiento, es imprescindible conocer las reflexiones de Noam Chomsky y Sylvain Timsit sobre la manipulación mediática.

La difícil tarea de la mediación entre la realidad y el espectador se encuentra con el factor de la audiencia como un barómetro que hostiga los mercados de los medios de comunicación. En el momento en que el mundo se dio cuenta que la información es un gran negocio, esta se separó de la cultura.

Y si no hay vida en directo, siempre queda la especulación, porque pase lo que pase, la televisión, lo haga mejor o peor, es la primera fuente de información de la mayor parte de los ciudadanos que asisten al espectáculo del gran circo de los medios de comunicación de masas. Donde también se incluye Internet, el cine, la radio, la prensa y hasta los anuncios publicitarios en el paisaje urbano.

Aunque la información periodística, como conjunto de datos organizados, forma parte de un hecho, siempre se encuentra bajo la duda de la especulación. En este mismo contexto se encuentra otro tipo de información, sobre la información.

La red de redes se ha encargado de transformar, manipular y apadrinar a Noam Chomsky como el autor de la lista de las *Diez estrategias de la manipulación* a través de los medios de comunicación, donde se hace referencia al texto «Armas silenciosas para guerras tranquilas».

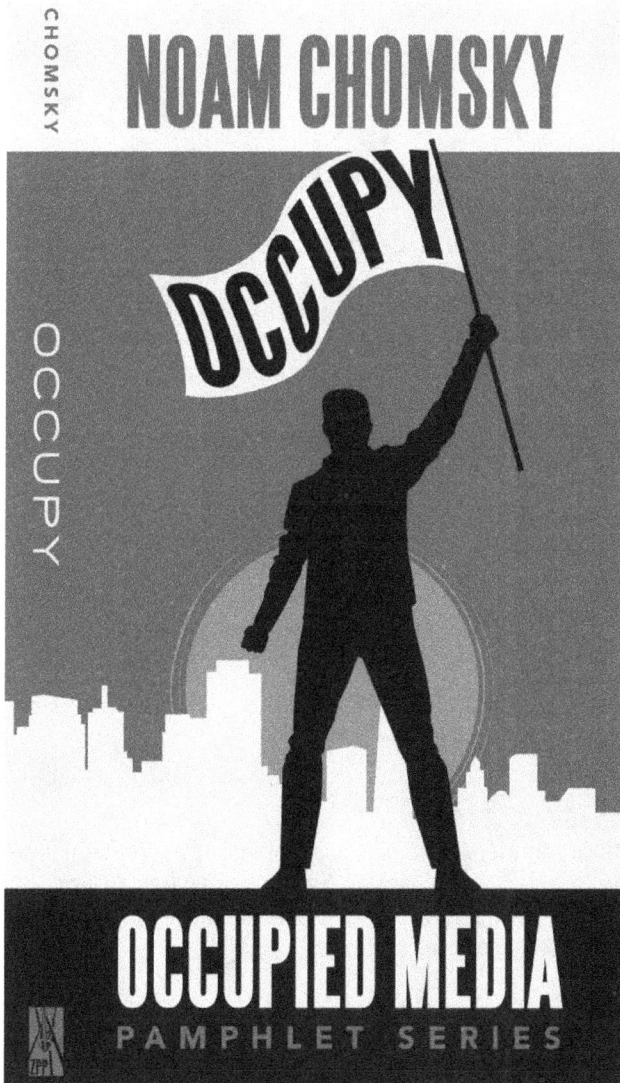

CHOMSKY

NOAM CHOMSKY

OCCUPY

OCCUPY

OCCUPIED MEDIA

PAMPHLET SERIES

Portada del libro: Occupy (Occupied Media Pamphlet Series)
Paperback, publicado por Zuccotti Park Press (2012).
Puedes encontrar una selección con todos los libros de Noam Chomsky
en: http://www.chomsky.info/books.htm

PRINCIPALES CITAS DE NOAM CHOMSKY SOBRE MANIPULACIÓN MEDIÁTICA

«La democracia participativa presupone la capacidad de la gente normal para unir sus limitados recursos, para formar y desarrollar ideas y programas, incluirlos en la agenda política y actuar en su apoyo. En ausencia de recursos y estructuras organizativas que hagan posible esta actividad, la democracia se limita a la opción de escoger entre varios candidatos que representan los intereses de uno u otro grupo que tiene una base de poder independiente, localizada por lo general en la economía privada.»

«¿Quiénes son los guardianes de la historia? Los historiadores, naturalmente. Las clases educadas, en general. Parte de su trabajo es la de conformar nuestra visión del pasado de manera que sostenga los intereses del poder presente. Si no lo hacen así, serán probablemente marginados de una manera o de otra».

«Si no desarrollas una cultura democrática constante y viva, capaz de implicar a los candidatos, ellos no van a hacer las cosas por las que los votaste. Apretar un botón y luego marcharse a casita no va a cambiar las cosas.»

// las diez estrategias

Si bien coinciden con algunas de las teorías del pensamiento del lingüista Noam Chomsky, él no es el autor. La lista en cuestión fue recopilada por Sylvain Timsit, quien la difunde en una entrevista realizada por Radio Ici Maintenance el 13 de julio de 2005.

01 La estrategia de la distracción

El elemento primordial del control social es la estrategia de la distracción, que consiste en desviar la atención del público de los problemas importantes y de los cambios decididos por las élites políticas y económicas, mediante la técnica del diluvio o inundación de continuas distracciones y de informaciones insignificantes. La estrategia de la distracción es igualmente indispensable para impedir al público interesarse por los conocimientos esenciales, en el área de la ciencia, la economía, la psicología, la neurobiología y la cibernética.

«Mantener la Atención del público distraída, lejos de los verdaderos problemas sociales, cautivada por temas sin importancia real. Mantener al público ocupado, ocupado, ocupado, sin ningún tiempo para pensar; de vuelta a la granja como los otros animales».
Cita del texto *Armas silenciosas para guerras tranquilas.*

02 Crear problemas y después ofrecer soluciones

Este método también es llamado «problema-reacción-solución». Se crea un problema, una «situación» prevista para causar cierta reacción en el público, a fin de que este sea el mandante de las medidas que se desea hacer aceptar.

Por ejemplo, dejar que se desenvuelva o se intensifique la violencia urbana u organizar atentados sangrientos, a fin de que el público sea el demandante de leyes de seguridad y políticas en perjuicio de la libertad. O también, crear una crisis económica para hacer aceptar como un mal necesario el retroceso de los derechos sociales y el desmantelamiento de los servicios públicos.

03 La estrategia de la gradualidad

Para hacer que se acepte una medida inaceptable, basta aplicarla gradualmente, a cuentagotas, por años consecutivos. Es de esa manera que condiciones socioeconómicas radicalmente nuevas (neoliberalismo) fueron impuestas durante las décadas de 1980 y 1990. Estado mínimo, privatizaciones, precariedad, flexibilidad, desempleo en masa, salarios que ya no aseguran ingresos decentes, tantos cambios que hubieran provocado una revolución si hubiesen sido aplicadas de una sola vez.

04 La estrategia de diferir

Otra manera de hacer aceptar una decisión impopular es la de presentarla como «dolorosa y necesaria», obteniendo la aceptación pública en el momento para una aplicación futura. Es más fácil aceptar un sacrificio futuro que un sacrificio inmediato. Primero, porque el esfuerzo no es empleado inmediatamente. Luego, porque el público, la masa, tiene siempre la tendencia a esperar ingenuamente que «todo irá mejorar mañana» y que el sacrificio exigido podrá ser evitado. Esto da más tiempo al público para acostumbrarse a la idea del cambio y de aceptarla con resignación cuando llegue el momento.

05 Dirigirse a la audiencia como si fueran niños

La mayoría de la publicidad dirigida al gran público utiliza discurso, argumentos, personajes y entonación particularmente infantiles, muchas veces próximos a la debilidad, como si el espectador fuese una criatura de poca edad o un deficiente mental. Cuanto más se intente buscar engañar al espectador, más se tiende a adoptar un tono infantilizante.

¿Por qué? «Si uno se dirige a una persona como si ella tuviese la edad de 12 años o menos, entonces, en razón de la sugestionabilidad, ella tenderá, con cierta probabilidad, a una respuesta o reacción también desprovista de un sentido crítico como la de una persona de 12 años o menos de edad»
Cita del texto *Armas silenciosas para guerras tranquilas.*

06 Utilizar el aspecto emocional mucho más que la reflexión

Hacer uso del aspecto emocional es una técnica clásica para causar un corto circuito en el análisis racional, y, finalmente, al sentido crítico de los individuos. Por otra parte, la utilización del registro emocional permite abrir la puerta de acceso al inconsciente para implantar o injertar ideas, deseos, miedos y temores, compulsiones, o inducir comportamientos.

07 Mantener al público en la ignorancia y la mediocridad

Hacer que el público sea incapaz de comprender las tecnologías y los métodos utilizados para su control y su esclavitud.

«La calidad de la educación dada a las clases sociales inferiores debe ser la más pobre y mediocre posible, de forma que la distancia de la ignorancia que planea entre las clases inferiores y las clases sociales superiores sea y permanezca imposibles de alcanzar para las clases inferiores.» Cita del texto 'Armas silenciosas para guerras tranquilas».

08 Estimular al público a ser complaciente con la mediocridad

Promover al público a creer que es moda el hecho de ser estúpido, vulgar e inculto...

09 Reforzar la autoculpabilidad

Hacer creer al individuo que es solamente él el culpable por su propia desgracia, por causa de la insuficiencia de su inteligencia, de sus capacidades, o de sus esfuerzos. Así, en lugar de rebelarse contra el sistema económico, el individuo se autodesvalida y se culpa, lo que genera un estado depresivo, uno de cuyos efectos es la inhibición de su acción. Y, sin acción, ¡no hay revolución!

10 Conocer a los individuos mejor de lo que ellos mismos se conocen

En el transcurso de los últimos 50 años, los avances acelerados de la ciencia han generado una creciente brecha entre los conocimientos del público y aquellos poseídos y utilizados por las élites dominantes. Gracias a la biología, la neurobiología y la psicología aplicada, el «sistema» ha disfrutado de un conocimiento avanzado del ser humano, tanto de forma física como psicológicamente.

El sistema ha conseguido conocer mejor al individuo común de lo que él se conoce a sí mismo. Esto significa que, en la mayoría de los casos, el sistema ejerce un control mayor y un gran poder sobre los individuos, mayor que el de los individuos sobre sí mismos. Los nuevos filtros de contenido en internet así como empresas que recogen y catalogan la información de los usuarios de los buscadores y redes sociales.

// Der **Mensch** hinter dem Monster

Joseph Goebbels™ es un proyecto de arte. El motivo principal de esta campaña visual es un retrato de Joseph Goebbels compuesto por los medios de comunicación y los logotipos de las principales empresas de comunicación e internet. El proyecto es la continuación de una obra de arte llamada *Unstable Portrait of Joseph Goebbels,* que puedes ver en: kontrola.co.rs/goebbels -

Joseph Goebbels fue el Ministro de Propaganda en la Alemania Nazi y desempeñó un papel central en la creación de nuevo material antisemita y pronazi para el partido. Estuvo a cargo de una maquinaria de propaganda que alcanzó todos los niveles de la sociedad alemana.

Su función consistía en controlar todos los medios de comunicación: la radio, televisión, literatura, cine y noticieros cinematográficos, etc. Asimismo, debía impedir que saliera a luz la información que llegara del exterior o de fuentes no «oficiales».

«UNA MENTIRA REPETIDA MIL VECES SE CONVIERTE EN UNA REALIDAD» JOSEPH GOEBBELS

Aleksandar Maćašev www.the-mighty.com

JOSEPH GOEBBELS™
www.goebbels.info

Diseño: facebook.com/criaturagrafica

Junto a él, la actriz Leni Riefenstahl fue, probablemente, la propagandista más famosa. El triunfo de la voluntad es uno de los ejemplos más conocidos de propaganda en la historia del cine. Esta cinta no solo fue popular en el Tercer Reich, sino que ha seguido influyendo en películas, documentales y comerciales hasta el día de hoy.

Usó y desarrolló lo que se conoce como el marketing social, ensalzando sentimientos de orgullo nacional, promoviendo odios y convenciendo a las masas de cosas muy alejadas de la realidad.

La propaganda nazi fue el intento coordinado de influir en la opinión pública a través del empleo de la propaganda en medios de comunicación. Fue una de las claves del Partido nazi desde el ascenso al poder de Adolf Hitler en Alemania hasta el fin de la Segunda Guerra Mundial.

La propaganda nazi proporcionó un instrumento crucial para poder adquirir y mantener el poder, así como, para la implementación de sus políticas, incluyendo la prosecución de la guerra total y la exterminación de millones de personas en el Holocausto.

En este sentido, se centró en declarar que los judíos eran la fuente de los problemas económicos que tenía Alemania. La propaganda era, además, usada para los temas más comunes entre los países en guerra: la inminente derrota de sus enemigos, la necesidad de seguridad, etc.

DIVIDE ET IMPERA

A las diez estrategias de Chomsky le encontramos una carencia grave: «la estrategia de división constante del pueblo» y algunas carencias menores. Ya en la antigua Roma lo sabían y le dieron forma verbal con el famoso divide et impera.

Sin embargo, en manipulación mediática el gran formador de formadores y gran maestro de fue Goebbels, el ministro de propaganda de la Alemania nacionalsocialista, figura clave en el régimen y amigo íntimo de Adolf Hitler.

// los once principios básicos de Goebbels

«MÁS VALE UNA MENTIRA QUE NO PUEDA SER DESMENTIDA QUE UNA VERDAD INVEROSÍMIL»

J. GOEBBELS

1. PRINCIPIO DE SIMPLIFICACIÓN Y DEL ENEMIGO ÚNICO

Adoptar una única idea, un único símbolo; individualizar al adversario en un único enemigo.

2. PRINCIPIO DEL MÉTODO DE CONTAGIO

Reunir diversos adversarios en una sola categoría o individuo. Los adversarios han de constituirse en suma individualizada.

3. PRINCIPIO DE LA TRANSPOSICIÓN

Cargar sobre el adversario los propios errores o defectos, respondiendo el ataque con el ataque. «Si no puedes negar las malas noticias, inventa otras que las distraigan».

4. PRINCIPIO DE LA EXAGERACIÓN Y DESFIGURACIÓN

Convertir cualquier anécdota, por pequeña que sea, en amenaza grave.

5. PRINCIPIO DE LA VULGARIZACIÓN

«Toda propaganda debe ser popular, adaptando su nivel al menos inteligente de los individuos a los que va dirigida. Cuanto más grande sea la masa a convencer, más pequeño ha de ser el esfuerzo mental a realizar. La capacidad receptiva de las masas es limitada y su comprensión escasa; además, tienen gran facilidad para olvidar».

6. PRINCIPIO DE ORQUESTACIÓN

«La propaganda debe limitarse a un número pequeño de ideas y repetirlas incansablemente, presentadas una y otra vez desde diferentes perspectivas pero siempre convergiendo sobre el mismo concepto. Sin fisuras ni dudas». De aquí viene también la famosa frase: «Si una mentira se repite suficientemente, acaba por convertirse en verdad».

MANUAL DE DISEÑO SOCIAL

"Porque cada uno lo entiende a su manera"

Priscila Álvarez
www.paraisodesign.com

7. PRINCIPIO DE RENOVACIÓN

Hay que emitir constantemente informaciones y argumentos nuevos a un ritmo tal, que cuando el adversario responda, el público esté ya interesado en otra cosa. Las respuestas del adversario nunca han de poder contrarrestar el nivel creciente de acusaciones.

8. PRINCIPIO DE LA VEROSIMILITUD

Construir argumentos a partir de fuentes diversas, a través de los llamados globos sondas o de informaciones fragmentarias.

9. PRINCIPIO DE LA SILENCIACIÓN

Acallar sobre las cuestiones de las que no se tienen argumentos y disimular las noticias que favorecen el adversario, también contraprogramando con la ayuda de medios de comunicación afines.

10. PRINCIPIO DE LA TRANSFUSIÓN

Por regla general, la propaganda opera siempre a partir de un sustrato preexistente, ya sea una mitología nacional o un complejo de odios y prejuicios tradicionales; se trata de difundir argumentos que puedan arraigar en actitudes primitivas.

11. PRINCIPIO DE LA UNANIMIDAD

Llegar a convencer a mucha gente que se piensa «como todo el mundo», creando impresión de unanimidad.

«MIENTE, MIENTE, MIENTE QUE ALGO QUEDARÁ, CUANTO MÁS GRANDE SEA UNA MENTIRA MÁS GENTE LA CREERÁ.» J. GOEBBELS

Goebbels pronunciando un discurso en la Alemania Nazi. Por Georg Pahl (scan) [de dominio público] Wikimedia Commons

// el **voto** conectado

Rubén Fernández Vela | @we_r_so_amazing

Muchos han comentado la extraordinaria capacidad de B. Obama para conectar con los votantes, pero más impresionante aún fue su capacidad de conectar unos votantes con otros. Los políticos a menudo dicen a sus seguidores que «cada voto cuenta» y la gente suele afirmar que vota para ayudar a que gane su candidato pero, ¿qué circunstancias hacen que un voto cuente realmente? En términos racionales, cada voto no cuenta mucho. La razón de que votemos, en realidad, tiene mucho que ver con nuestra pertenencia a grupos y con el poder de las redes sociales humanas.

RACIONALIDAD POLÍTICA

En 1956 Anthony Downs, licenciado en Ciencias Económicas de la Universidad de Stanford, aplicó la ciencia de la «racionalidad» al estudio de la política. La «racionalidad» alude a tres cosas.

En primer lugar:
Las personas racionales tienen preferencias y son conscientes de ellas. Uno puede escoger entre peras o manzanas, entre dólares y peniques, entre ser de derechas o de izquierdas. O le pueda dar igual. La cuestión es que es capaz de comparar dos cosas y de saber cuál de las dos prefiere o si no le gusta ninguna de las dos.

En segundo lugar:
Las elecciones de las personas racionales son coherentes. Si uno prefiere una pera a una manzana pero una manzana en lugar de una naranja, entonces, en el primer caso escogerá una pera, y en el segundo caso una manzana. Así la coherencia equivale a la transitividad.

En tercer lugar:
Las personas racionales se mueven por objetivos. Una vez sabemos qué queremos, tratamos de conseguirlo.

Downs, quería saber si el proceso de votar podía considerarse racional y, de ser así, en qué circunstancias la

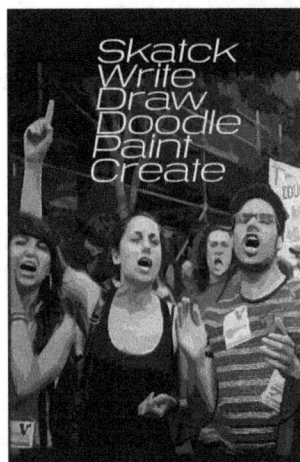

Sara Lopez-Figueredo Sainz

Votar o no votar

Pero, ¿qué impulsa a alguien a acudir a las urnas? Los votantes también toman en consideración los costes de ir a votar. Puede que tengamos que robar tiempo a nuestras horas de trabajo o de ocio para acudir a las urnas.

Tomando en cuenta los costes y los posibles beneficios, cada persona decide si ir a votar o no. Si un votante piensa que ambas alternativas lo benefician por igual, tal vez decida ahorrarse los costes de votar y quedarse en casa. Downs, llamaba a esto «abstención racional». Otras de las opciones de abstención es que para determinadas personas, acudir a votar no tiene sentido porque literalmente piensan «que no hay la más mínima diferencia entre candidatos».

A la inversa, a las personas que piensa que una alternativa es mucho mejor que la otra les importa mucho más el resultado de las elecciones y por tanto es más probable que estén dispuestas a votar, incluso si los costes de hacerlo son elevados.

administración está repleta de procedimientos que reducen el abanico de opciones a dos. Downs asumió que los votantes se centrarían en una de las alternativas y pensarían detenidamente en todo lo que ocurriría si su alternativa resultaba elegida. A continuación, asignarían un valor a este resultado que describiera los beneficios que traería consigo.

En otras palabras, tratarían de responder a la pregunta de ¿hasta qué punto me beneficiaría a mi, personalmente, que un candidato saliera elegido presidente? Después pensarían detenidamente sobre la otra alternativa y asignarían también un valor al hecho de que resultara vencedora. Cada votante continuación votaría por la alternativa que tuviera más valor para él.

UN VOTO FRENTE A MILLONES

William Riker, un politógolo de gran influencia de la Universidad de Rochester en las décadas de los 60 y 70, señaló que Downs había pasado por alto el hecho de que no hay un único votante que toma una decisión, sino millones. Para determinar el valor de votar necesitamos decidir, no solo quién nos gusta más,. sino la probabilidad de que nuestro voto ayude a esa persona a ganar.

Por supuesto, existe una única circunstancia en la que el voto de un individuo cuenta. Esa situación es cuando se espera un empate. Para comprobar que esto es cierto basta preguntarse qué haríamos si tuviéramos una bola de cristal mágica y viéramos quién iba a ganar las elecciones por un número, imaginemos de tres millones de votos. ¿Qué efecto tendría nuestro voto en el resultado final? Ninguno.

Supongamos que tuviéramos que decidir si votar o no en las elecciones de un año concreto. Teniendo en cuanta todo lo que hemos visto, cuándo tiene sentido votar desde un punto de vista racional.

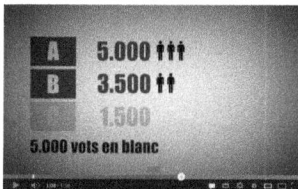

RECOMENDAMOS EL VIDEO DE YOUTUBE.COM:
Què passa si no votes? -
(Subs en CAS/EUS/GAL/CAT/ENG)

VALOR DE UN VOTO

¿Por qué van a votar millones de personas a pesar de lo limitado de las probabilidades de ganar y lo reducido de los beneficios potenciales?

Este análisis racional de la decisión de votar resulta extraordinariamente deprimente por tres razones.

- La primera, sugiere que el derecho fundamental sobre el que se apoyan las democracias modernas no tiene ningún sentido.
- En segundo lugar, comprobar que el acto de votar es irracional tiene un efecto deprimente. En 1993, los politólogos canadienses André Blais y Robert Young dieron una charla de diez minutos en sus clases sobre el comportamiento electoral de sus alumnos y lo compararon con el de otros que no habían asistido a la misma. El resultado, fue que los estudiantes que escucharon la charla se mostraron reacios a votar, frente a los que no la escucharon que continuaron con su pensamiento sobre el voto.
- En tercer lugar, la incapacidad de explicar la decisión de votar, pone en tela de juicio el análisis racional de cualquier comportamiento político porque no podemos recurrir al análisis de costes beneficios para explicar algo tan básico como la decisión de acudir a las urnas; algunos expertos afirman que no tiene sentido aplicar la racionalidad a otras decisiones tales como a quién votar, presentarse como candidato o negociar con adversarios políticos.

Entonces, ¿por qué la gente decide ir a votar en las elecciones? Las personas no deciden de forma aislada si votarán o no. Abordar el problema desde la perspectiva del votante, individual, impide verlo en su totalidad.

VOTAR EN COMUNIDAD

Hay numerosas pruebas que demuestran que la decisión de votar de un solo individuo aumenta las probabilidades de que otros voten también.

Cuando decidimos votar también aumentan las probabilidades de que nuestros amigos, familiares y colegas hagan lo propio. En parte, porque nos están imitando y en parte porque hacemos un esfuerzo claro por convencerlos. Y sabemos que esto último funciona. Se trata de la clásica técnica de «persona a persona» que continúa siendo la herramienta básica que emplean los partidos políticos en las elecciones modernas. Sobradas pruebas hay que indican que las conexiones sociales pueden ser la pieza clave del rompecabezas de por qué vota la gente.

Sin embargo, esta información sobre los determinantes sociales a la hora de votar nunca han pasado de los preliminares. Los expertos nunca se han preguntado qué

Niveles de corrupción y transparencia

Uno de los organismos internacionales que monitoriza el nivel de corrupción y transparencia en 180 estados del mundo es Transparencia Internacional, con sede en Berlín, que presenta un informe anual de todos los países y les da una puntuación de 1,0 a 10,0. De acuerdo con el informe de 2009, el país con el más alto nivel de transparencia del mundo y que ocupaba el primer puesto con una puntuación de 9,4 era Nueva Zelanda. El estado con el nivel de transparencia política más bajo del mundo y que ocupaba el puesto 180 era Somalia, con 1,1.

Internet Center for Corruption Research
icgg.org/corruption.html

Transparencia Internacional
www.transparency.org
www.transparencia.org.es

(TI) es una organización internacional dedicada a combatir la corrupción política, teniendo como herramienta principal la divulgación de información. Se cuestiona el valor de sus informes sobre la corrupción puesto que se basan en encuestas que miden la valoración subjetiva. Otro problema es que lo que se define o percibe legalmente como corrupción varía de una jurisdicción a otra: una contribución legal a un partido político puede ser ilegal en otro. Igualmente, lo que en un país se acepta como una propina en otro puede considerarse como un soborno.

Fondo y forma
Amelia González.
flickr.com/photos/eilemamaria

sucedería si se tomaran en consideración grupos más grandes de personas.

¿Qué ocurriría si sustituyéramos el acto de votar por el de probar un nuevo champú? ¿Y si el hecho de que yo influyo no solo a mi amigo sino también a los amigos de mi amigo? Una persona puede tener solo cinco amigos pero si cada uno de ellos tienen a su vez otros cinco entonces tal vez sea posible que una sola persona pueda influir en 25 y en 125 amigos más de estas. Con una media de 10 amigos y familiares por persona, podríamos suponer que cada uno de nosotros puede influir en 10 personas, de ahí a 100 y de ahí hasta 1000. Si un voto condujera no solo a 10, sino a cientos de miles de votos, entonces tal vez las probabilidades de influir en los resultados de una elección aumentarían de tal manera que bastarían para explicar por qué vota tanta gente. Tal vez no veamos a cuánta gente afectan nuestras decisiones, pero sí podemos tener la sensación de que nuestro voto cuenta mucho más que un voto.

Una serie de líderes de opinión, suelen actuar de intermediarios, filtrando e interpretando la información de los medios para aquellos de sus amigos y familiares que prestan menos atención a la política, en otras palabras, los medios de comunicación parecen funcionar haciendo llegar su mensaje a quienes ocupan un lugar central dentro de sus redes sociales.

Muchas de las interacciones entre amigos y familiares pueden afectar a nuestra decisión de votar o no. La gente puede verse incluida con solo observar el comportamiento de sus conocidos. También pueden influirle las discusiones sobre temas políticos que mantienen con sus amigos o conocidos e incluso los encuentros fortuitos. Aunque, por lo general, es cierto que hablamos de política solo con unas cuantas personas.

Por otro lado, un gran número de personas afirman seguir las campañas, en especial, durante los meses previos a las elecciones. Además, durante esos meses mantenían de media unas veinte discusiones sobre política durante el período crucial de una campaña en que la gente trata de decidir si va a votar, pero el número de oportunidades de influir es probablemente mayor. Un porcentaje significativo admitió haber intentado convencer a alguien de que votara al candidato de su elección, demostrando que son muchas las personas convencidas de que otras las imitarán.

INFLUIR EN LOS DEMÁS

¿Tienen éxito estos intentos de influir en los demás? Si se produce la imitación, entonces deberíamos ver una correlación entre el comportamiento de dos personas que están socialmente conectadas. Es lo que observamos al estudiar la afluencia en las urnas. Incluso tomando en consideración otras causas que expliquen comportamientos similares, tales como compartir nivel de ingresos, educación ideología o interés en la política, el sujeto típico de estudio tiene un 15% más de probabilidades de votar si una de sus parejas de discusión vota.

¿Se extiende esta influencia al resto de la red? El caso es que hemos observado una correlación entre las personas que están conectadas directamente y también entre aquellas que lo están conectadas indirectamente, a través de un amigo en común, si yo voto, aumento las probabilidades de que los amigos de mis amigos voten.

La existencia de cascadas de afluencia a las urnas sugiere que los modelos racionales del ejercicio de votar han menospreciado los beneficios que entraña ir a votar.

En lugar de «un hombre, un voto» resulta que cada uno tenemos varios y que nuestras probabilidades de influir en el resultado de unas elecciones son mayores de lo que pensábamos. Y el hecho de que una sola persona pueda influir en tantas, puede ayudar a explicar por qué algunos individuos tienen un gran sentido del deber cívico. Establecer el hábito de ir a votar entre nuestros conocidos es una manera de influirlos para que acudan a las urnas. Las personas que no cumplen con dicho deber, pierden la oportunidad de influir en personas.

En los electorados numerosos, el impacto en el resultado final puede ser demasiado marginal como para crear una dinámica que favorezca el deber cívico del votar. Este originó entornos políticos mucho más reducidos, tales como asambleas municipales, donde transformar el comportamiento de pocas personas sí suponía una gran diferencia. La idea de «votar es un deber» parece estar tan enraizada en la sociedad que muchas personas, incluso, mienten cuando participan en sondeos electorales sobre ello.

Tu derecho a saber

Esta web española te facilita solicitar información a cualquier institución pública española. Pide lo que quieras. Ellos se encargan de hacérsela llegar al responsable y te avisan cuando responda. Todo el proceso es transparente y público para que tú y el resto del mundo podáis seguirlo.

España es el único país de Europa con más de un millón de habitantes que no cuenta con una ley de acceso a la información o ley de transparencia. Conseguir información de nuestras instituciones públicas es difícil, pero no imposible. Esta página ha sido diseñada por las organizaciones de la sociedad civil para facilitar ese acceso y promocionar este derecho. Así podremos exigir una rendición de cuentas completa a nuestros gobernantes.

La web se basa en la exitosa página británica de mySociety WhatDoTheyKnow.com. Otras aplicaciones iguales o similares a tuderechoasaber.es ya están en marcha en otros países, como Brasil, Alemania, Chile o Kosovo, y a nivel de la Unión Europea con AsktheEU.

http://tuderechoasaber.es

GRUPOS DE PRESIÓN

Además de los votantes y los políticos, los lobbistas y los activistas también viven dentro de redes sociales humanas que tienen una gran influencia en el exito de sus iniciativas. ¿Para qué sirven realmente los grupos de presión? pues bien, por un lado, aunque lo admitan o no, el comportamiento de los activistas está determinado por actitudes partidistas contrarias porque tienden a unirse a organizaciones que están afiliadas a su mismo partido. Puede que los que se manifiestan en las calles piensen que están muy alejados de los miembros de su partido en el gobierno, o el que consideran que debe tener una ideología similar, pero lo cierto es que todos comparten una misma ideología.

En segundo lugar, tal y como cabe esperar, los activistas que ocupan posiciones más centrales dentro de la red tienen más probabilidades de terminar trabajando dentro del sistema, recurriendo a tácticas institucionales como formar lobbies en lugar de recurrir a la desobediencia civil. De manera que, individuos que se consideran demócratas pueden unirse a un determinado lobby pero es poco probable que se unan a grupos o instituciones que persiguen mismos objetivos pero con métodos diferentes.

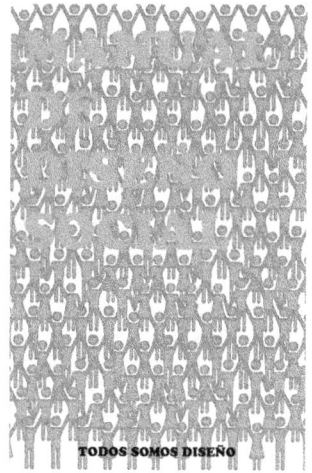

Todos somos diseño
Daniel Moreno García
http://cargocollective.com/DanielMoreno

CÓMO ELEGIMOS A NUESTROS LÍDERES

Sin seguidores no hay líderes. Y sin líderes, las sociedades se hubieran hundido en conflictos insolubles. ¿Cómo elegimos ahora a quienes nos lideran? ¿Cómo lo hacíamos antes? En dos millones y medio de años no hemos mejorado en la manera de escoger a nuestros líderes. Pero son necesarios, como lo son los seguidores, para llevar una sociedad adelante sin que se disgregue por los conflictos.

VOTA *ET IMPERA?*

Con objeto de comprobar hasta qué extremo podíamos llevar la idea de que el acto de votar propaga de persona en persona, decidimos tratar de responder a la pregunta:

SI YO VOTO, ¿CUÁNTAS PERSONAS MÁS ES PROBABLE QUE VOTEN?

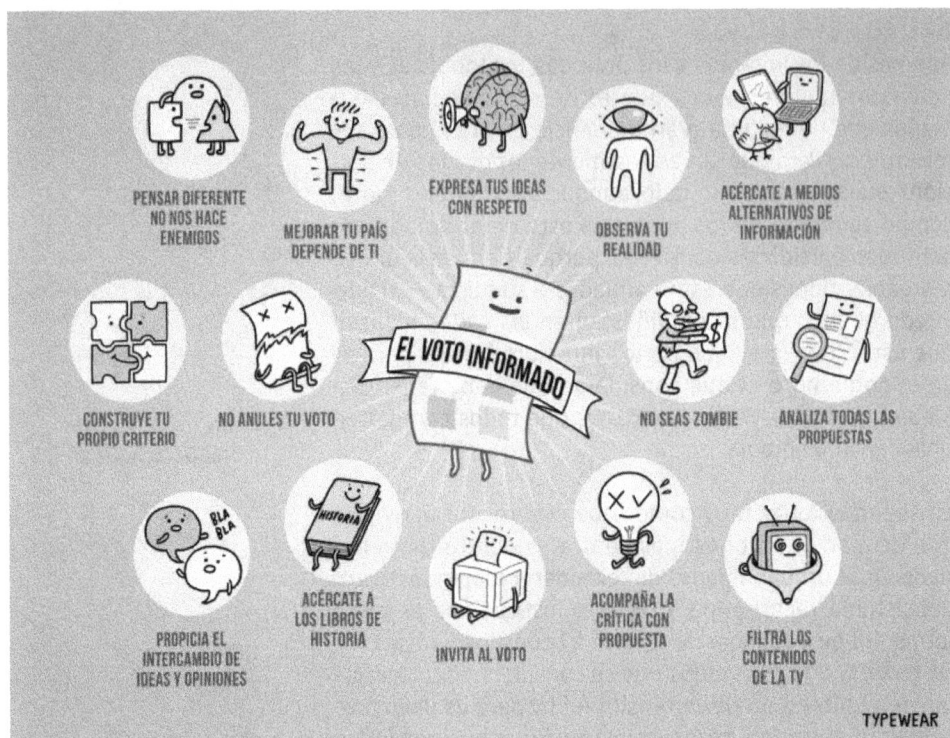

Diseño de la web: typewear.com.mx

Como complemento a este tema sobre la influencia de la inteligencia colectiva en las decisiones de voto, os recomendamos este pequeño reportaje sobre cómo se creó el actual sistema de líderes políticos.

En este reportaje de *Redes para la ciencia,* Eduardo Punset debate sobre los criterios evolutivos en la elección de un buen líder con el psicólogo social Mark van Vugt, investigador especializado de la Universidad de Kent.

Recomendamos el interesantísimo artículo de Yorokobu: *http://www.yorokobu.es/obama-gana-a-romney-por-goleada-en-facebook*

«TODO NIÑO VIENE AL MUNDO CON CIERTO SENTIDO DEL AMOR, PERO DEPENDE DE LOS PADRES, DE LOS AMIGOS, QUE ESTE AMOR SALVE O CONDENE» GRAHAM GREENE

«SI NO SE PUEDE BAILAR, ¡NO ES MI REVOLUCIÓN!» EMMA GOLDMAN

Frase aportada por Mandarina Ácida.

Redes 15: *Aquí quién manda* www.redesparalaciencia.com

// creer en el cambio

¿CREES EN EL CAMBIO? PUES, ¡TENEMOS UNA PROPUESTA!

Proponemos una democracia participativa y deliberativa, una sostenibilidad ambiental y una economía social, equitativa y sostenible sin sistema financiero especulativo. Un mundo que supere las guerras y la violencia con una gobernanza global democrática.

¿Te parece mucho? Nosotros creemos que podemos construirlo juntos. No es un sueño. Lo podemos vivir. La clave está en el consenso.

Te presentamos Barcelona Consensus: porque la respuesta no pueden venir de los que las han provocado, aceptado o se han aprovechado de la crisis. La respuesta somos nosotros y nosotras. La mayoría de gente que está excluida del sistema que domina el mundo actualmente.

Barcelona Consensus es un proyecto creativo, intercultural e inclusivo. El proyecto inicial ha sido elaborado por personas de todo el mundo. Activistas y académicos, hombres y mujeres, jóvenes y mayores... con el apoyo de la organización catalana Nova-Innovació Social.

¿La idea? Pasar de una cultura de imposición, dominio, violencia y guerra a una cultura de diálogo, conciliación, alianza y paz. De una cultura de la fuerza a una cultura de la palabra.

Basándonos en las ideas de la innovación social, hemos pensado en dejar de pedir cosas para empezar a crearlas nosotros mismos. Así, hemos empezado a trabajar por la consecución de un mundo habitable para todos.

No estamos en una época de cambios, sino en un cambio de época. Ahora más que nunca tenemos la capacidad y la responsabilidad de actuar. Somos conscientes de la aparición de nuevas prácticas sociales, políticas y económicas, así como de un despertar de la ciudadanía. Utilizando la creatividad y el compromiso te proponemos ser parte de un nuevo contrato social, ¿te atreves?

Firma el compromiso y únete a un círculo de transición.

¡Visita http://www.barcelonaconsensus.org y sigue informándote!

Promueve el cambio social en tu casa, tu barrio, tu escuela, tu pueblo, tu ciudad, ¡tu MUNDO!

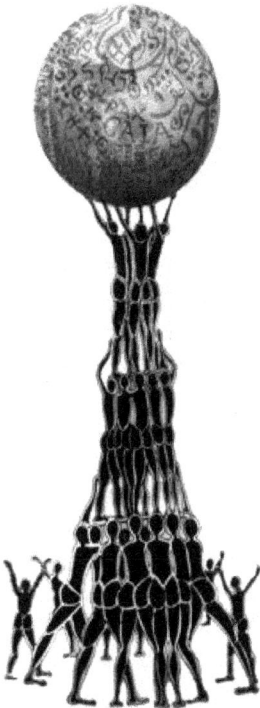

// periodismo ciudadano,
procomún y ética hacker. Reflexiones.

El periodismo ciudadano se ha generalizado gracias a el uso de las nuevas tecnologías de la comunicación, sobre todo Internet (pero también teléfonos móviles o cámaras digitales). Esta actividad, más conocida que las dos anteriores, supone la construcción y difusión de mensajes por emisores no profesionalizados y ajenos a los medios de comunicación clásicos. Permite el aumento de las fuentes de información no mediadas por los «formatos» o por los «intereses» de los medios de masas comerciales o institucionales.

El objetivo principal de esta propuesta es «la construcción de una comunidad más comprometida y conectada con sus ciudadanos que, a través de la participación en este medio, se convierten en agentes activos de su entorno cercano». De forma participativa (subiendo vídeos, publicando fotos, compartiendo artículos, etc.) se da a conocer aquello que ocurre en un entorno próximo pero que no tiene cabida en los medios de comunicación convencionales. difundir este fenómeno, formar y poner en marcha nuevas iniciativas.

Sin duda no es complicado encontrar proyectos en los que las personas creemos que la comunicación es una herramienta para influir positivamente en la sociedad. Por lo que hemos observado en los proyectos que hemos usado como ejemplos, el Comunicador Social debe ser una persona que conozca la realidad social de su entorno, con inquietudes en torno a iniciativas sociales participativas y, lo más importante, que crea que el Cambio Social es posible.

Las nuevas tecnologías han generado la idea de que cualquier ciudadano con conexión a internet puede ser periodista. ¿Cualquiera?. Os dejamos un post repleto de preguntas para construir respuestas entre todos.

El periodismo ya no es territorio limitado a sus profesionales, ni se ejerce sólo en los medios de comunicación. El cambio de paradigma tecnológico, la emergencia de la Sociedad Red y las prácticas culturales que ésta lleva de la mano han propiciado la apertura de espacios "periodísticos" insospechados. Una especie de periodismo expandido que parece desafiar lo establecido.

Nuevos actores, metodologías, narrativas y experiencias toman el espacio discursivo con la pretensión explícita, implícita e incluso no manifiesta de 'hacer periodismo' y empoderarse para plantear sus demandas al poder: la 'periferia' desafía al centro.

A finales de los años 70 identificaron una serie de fenómenos vinculados a las nuevas tecnologías de la información (aunque no determinados por estas) que desafiaban al paradigma del industrialismo.

Aunque unos y otros se refirieron a aquel cambio con diferentes nombres, "post-industrialismo", "tercera ola", "informacionalismo"; todos coincidieron en señalar lo que éste implicaba en esencia: una re-escritura de las normas que hasta aquél momento habían vertebrado la sociosfera o el ADN social.

1. ¿REALMENTE ESTAMOS ANTE UNA ECONOMÍA "DESMASIFICADA"?

Destacan la multiplicación de las esferas públicas periféricas, es decir, de los foros de debate paralelos al central, más institucionalizado. Esto nos permite, por primera vez, lanzar el desafío: el centro informativo puede ser cuestionado por la periferia.

La capacidad de interconexión y visibilidad con los que las nuevas tecnologías, y en concreto Internet, han dotado a estas esferas periféricas les permite, en la práctica, comunicarse entre ellas (investigar, difundir y poder acceder a ella) y constituirse en pequeños lobbies formados por ciudadanos autorepresentados, capaces de visibilizar sus discursos e interactuar con el poder sin necesidad de mediadores.

Está haciendo su aparición un contracódigo. Nuevas reglas básicas para una nueva vida que estamos construyendo, al menos en apariencia, sobre una economía desmasificada, sobre medios de comunicación desmasificados, sobre nuevas estructuras familiares y corporativas. Esto ataca directamente gran parte de aquello que se nos enseñaron en la segunda ola. Pone en tela de juicio la presunta eficiencia de la centralización y la profesionalización.

Nos fuerza a reconsiderar nuestra convicción de que lo más grande es mejor y nuestras nociones de concentración.

Estos cambios se sitúan en el contexto de una 'economía en red' (networked economy) en la que las acciones de los usuarios cobran una importancia trascendental. Señala la emergencia de una 'esfera pública en red' (networked public sphere) que estaría desplazando a la esfera tradicional en la que la opinión pública creía verse reflejada.

2. ¿AUMENTAN LAS "FUENTES" DE INFORMACIÓN?

Internet ha alterado los modelos clásicos de comunicación. Es un hecho. Pero no ha irrumpido como una fuerza destructora sino constructora. Es una herramienta de metamorfosis. Lo que parece claro

«TODO INDIVIDUO TIENE DERECHO A LA LIBERTAD DE OPINIÓN Y DE EXPRESIÓN; ESTE DERECHO INCLUYE EL DE NO SER MOLESTADO A CAUSA DE SUS OPINIONES, EL DE INVESTIGAR Y RECIBIR INFORMACIONES Y OPINIONES, Y EL DE DIFUNDIRLAS, SIN LIMITACIÓN DE FRONTERAS, POR CUALQUIER MEDIO DE EXPRESIÓN».

ART. 19 DECLARACIÓN UNIVERSAL DE DERECHOS HUMANOS

Alfabetismo mediático

Una iniciativa de este tipo es JustThink! cuya actividad se centra en enseñar a los niños a utilizar instrumentos audiovisuales para que, por un lado, se expresen, y, por otro, comprendan mediante la práctica los mecanismos engañosos de los productos audiovisuales (montaje, efectos, iluminación, guion...).

La idea que subyace a esta iniciativa es que cualquiera puede expresarse, además de que se potencia la idea de que toda opinión merece ser escuchada y difundida. Lo más destacable es que los niños participantes en el proyecto se socializan en esta idea, valorando críticamente las formas de expresión propias y de los otros.

es que los medios tradicionales se convertirán en medios especializados y los periódicos se reducirán a las élites sociales y estarán muy relacionados con la educación.

Sabemos lo que se va a transformar, pero no sabemos en qué. La noción de apertura resulta especialmente interesante su evidente conexión con la emergencia de los públicos tecno-ciudadanos.

El espectador ya no acepta la unidireccionalidad, se ha transformado en co-creador o matizador. Los espacios de producción, difusión y distribución también mutan, y comienza a configurarse una red de laboratorios y espacios experimentales que se presenta como alternativa y complemento a los espacios profesionalizados y tradicionales.

3. ¿HAY MÁS "CONTROL" SOBRE LAS NOTICIAS?

Nadie duda de las virtudes que entraña esta forma de acceder a la información. Es inmediata, rápida y capaz de burlar las censuras más férreas. Pero acarrea riesgos.

No hay posibilidad de verificar las fuentes, la información no viene avalada y abre el camino a la insolvencia y a la intoxicación. Los mensajes que cuelgan en las redes sociales circulan a toda velocidad, aunque a menudo proceden de identidades equívocas o directamente engañosas.

Esta recién conquistada cuota de libertad permitiría a los individuos cooperar y organizarse entre sí en formas que mejoran la experiencia democrática, la justicia y el desarrollo de una cultura crítica y, en general, promocionan una gran variedad de prácticas y valores asociados al procomún y la ética hacker.

5. ¿LA ERA DE LA INFORMACIÓN NO DEBERÍA SER TAMBIÉN LA ERA DEL PERIODISMO?

Si la educación puede producirse desde cualquier fuente y en cualquier lugar no sería descabellado argumentar que, ahora que las herramientas de producción y difusión de la información se han "democratizado" y lo mismo podría ocurrir con el periodismo.

El problema ya no es el acceso, es la selección. En un mundo en el que la información es infinita resulta difícil distinguir el buen periodismo del simple ruido. La tecnología evoluciona y ahora, además, lo hace más aceleradamente que en otros periodos de la historia. Mientras algunos perciben la tecnología como la causa del problema otros encuentran en ella la solución. Pero la tecnología es sólo como cualquier otro instrumento para un fin, y el fin sigue siendo la narración de las historias.

Internet está aquí y es obvio que ha venido para quedarse. Se ha visto en Irán, donde los internautas "han burlado los tradicionales mecanismos de la censura" lanzado al ciberespacio, a través de redes sociales como Twitter, imágenes de las protestas callejeras cuestionando la limpieza electoral.

Pero estas bondades tienen su contrapunto. La información no viene avalada por nadie. Es la no indentificación del mensajero. Internet ofrece mucha información pero también abre un camino a la insolvencia y la intoxicación. Para un profesional de la información es imprescindible saber quién te habla. Pero en Internet, el llamado periodismo ciudadano es, por definición, anónimo.

La solución, por tanto, no pasaría por dar igual valor a la información "anónima"

COMMUNICATORS

storyofstuff.org

frente a la procedente de fuentes de información tradicionales. Pasaría por recuperar el valor del periodismo profesional y la confianza en la fuente. Para ello, la fuente de ingresos de los medios debería regresar al usuario final que demanda esa información frente a las empresas que se "publicitan" en ella.

6. ¿QUÉ HA CAMBIADO EN ESTOS AÑOS?

¿Se puede establecer una frontera entre el viejo y el nuevo periodismo? Muchos creen que, en esencia, no. Entre otras cosas porque es uno de los pilares sobre los que descansan las sociedades democráticas y es bueno preservarlo.

El periodismo no es solo una técnica, sino una función social de servicio. Con la popularización de las tecnologías digitales ha emergido un periodismo participativo y cívico. Aunque estrictamente hablando el nombre no le cuadre del todo. El periodismo exige una serie de labores de contraste y técnicas de veracidad a la hora de exponer con rigor y equilibrio un relato. Existen muchos ejemplos de periodismo ciudadano que no se ajusta a ese modelo.

La confluencia de nuevos actores, metodologías, narrativas y experiencias que, con la pretensión no siempre explícita de hacer periodismo toman el espacio discursivo plantea un sinfín de interrogantes.

Nadie duda de que el oficio de informar ha cambiado radicalmente en los últimos años y no son pocos los que creen que está obligado a reinventarse. Los medios han perdido la capacidad de intermediación, un fenómeno que hace que surjan "periódicos de trinchera". Augura que el ejercicio del oficio se encamina hacia la autonomía profesional. Los blogueros son el prototipo. Las redacciones, como aparatos organizativos que son, se están minimizando.

Es complicado saber hasta qué punto las prácticas y valores adoptados por estas comunidades concuerdan con aquellos de los movimientos de software libre y su ética, la ética hacker, que según un gran número de autores estarían permeando todas las vertientes de la sociosfera.

7. ¿PERIODISMO OBJETIVO O SUBJETIVO?

La tecnología tiene ventajas pero hay carencias que no es capaz de cubrir. Las informaciones que fluyen desde los teléfonos móviles no explican ni analizan ni contextualizan. Para eso están los medios profesionales. En el nuevo escenario mediático, ¿deben desempeñar un nuevo papel?.

Las imágenes que acompañan una crónica, los hechos que se seleccionan en ella, su secuencia, la manera de contar, son el rastro personal-subjetivo de quien relata, pero ¿puede evitarse el rastro personal? ¿Queremos noticias planas como las instrucciones de uso de una lavadora? ¿Contradice esto la veracidad de la información?.

Es necesario un Periodismo Comprometido, es decir, un periodismo de investigación que sitúa en el centro de la noticia a las personas más vulnerables, que profundiza en los temas y parte de unos principios éticos.

Más allá de si es posible, los expertos han abierto un debate sobre si el periodismo debe ser aséptico, o debe, o al menos intentarlo, contar los hechos sin adornos ni aderezos ideológicos, o si ha de complementarse con las propias ideas. ¿Debe ser sin partidismos o ha de tomar partido?.

En lugar de imparcialidad, algunos creen que el periodismo contemporáneo lo que tiene que ofrecer es transparencia. Otros piensan que no debe influir en las creencias ideológicas de los lectores, pero sí ha de darles la información necesaria para que configuren sus propias opiniones políticas. Es la encrucijada en la que la profesión se debate a sí misma. Un dédalo con múltiples opciones.

Bill Keller, un reputado columnista del diario estadounidense The New York Times, y Glenn Greenwald, exreportero del británico The Guardian en cuyas páginas destapó el escándalo del espionaje de la Agencia de Seguridad Nacional de EE UU (el llamado caso Snowden), se han enzarzado en un cruce de opiniones sobre el oficio.

- El primero se inclina por el periodismo "imparcial" que deja para las páginas de opinión la defensa de posiciones ideológicas.

- El segundo define que los seres humanos no son máquinas impulsadas por la objetividad y que verter "opiniones subjetivas" no impide el buen periodismo.

ALGUNAS CONCLUSIONES

Los valores periodísticos de la veracidad y la credibilidad son los valores esenciales que configuran la profesión. Debe ser militante solo de su independencia y de la objetividad de la información. No debe orientar la noticia; solo contrastarla y darla. De hecho, el filtro de investigación es el más importante para no depender filtraciones o agencias de comunicación. Debe, en la medida de lo posible, investigar por los propios medios y eso exige, escapar de los teletipos de agencia, de las tertulias, lo que conlleva la necesidad de que la empresa dote de medios materiales y económicos que luchará, además, contra el problema de la "inmediatez".

Cada vez más, se primera la noticia de "actualidad" frente a la noticia analizada y puesta en contexto, lo que obliga a dar información sin profundizar en ella y sin tiempo para la investigación o contraste.

La clave del periodismo no es la objetividad, porque en un futuro, la profesión no deberá estar tan obsesionada por una objetividad aséptica, sino por la intencionalidad. Deberá responder al sentido de las cosas.

Están caducando algunas de las categorías del periodismo: la objetividad, la generación de la información o de la opinión. Y están naciendo otras nuevas: la argumentación, la especialización de la información. Los géneros de información se convierten en géneros de análisis; se impone el periodismo de precisión o de investigación frente a la inmediatez.

Es decir, a nuestro humilde entender el periodismo profesional no debería competir en "quién informa antes", sino en "quién informa mejor".

El periodismo ciudadano es complementario del profesional. Antes el reportero te buscaba a ti, ahora la red facilita que tú le encuentres. Se experimentó recientemente con el terremoto de Haití, las bombas de Boston o los atentados de Londres... El acceso es rápido para cualquiera, así que cualquiera puede ser valioso para elaborar mejor información.

Pero no hay que confundirlos ni tiene porqué ser opuesto: el periodismo ciudadano es asistente del profesional. Por sí solo no es nada pero juntos, podemos ser muy poderosos.

¿Podemos afirmar que el periodismo ha emprendido el camino hacia su constitución como un bien común de código abierto? Y, si así fuera, ¿cómo y bajo qué formas lo está haciendo?

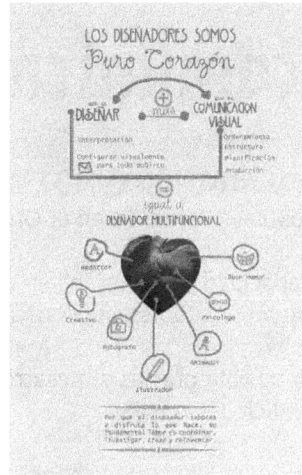

Poly Valdéz
poly-valdez.webnode.es
flickr.com/photos/polyvaldez

RADIOS COMUNITARIAS

Por un lado, creemos que es indispensable destacar ejemplos de las radios comunitarias que surgieron en los años 70 en América Latina. La idea era no solo mostrar la realidad de los pueblos oprimidos, sino darles a estos pueblos la posibilidad de expresarse mediante la utilización de herramientas de comunicación.

Es decir, permite la elaboración de mensajes desde su conocimiento del mundo a la vez que extienden su punto de vista más allá de su grupo cultural. Sin embargo, la consecuencia más importante de esta iniciativa es la valoración de la propia cultura (normalmente infravalorada por el grupo mayoritario) a través de la construcción simbólica de la comunidad.

Por tanto, el trabajo de la Comunicación Social en este sector es una labor que huye del paternalismo clásico y de los cánones de la producción comunicativa. Estaría directamente relacionado, no solo con el «Hazlo tú mismo», sino con el «Hazlo tú mismo y como quieras».

// comunicación y empatía

LA COMUNICACIÓN COMO EMPATÍA

La empatía es ver mi Yo en el Otro.

Es la capacidad de ponernos en el lugar del otro, de entender sus propias perspectivas, sentimientos, valores, expectativas...

Esto es posible gracias al desarrollo de una serie de habilidades y al cumplimiento de dos condiciones previas:

La primera es pasar de ver todo lo que me rodea como una extensión propia, a verlo como algo distinto a mí. El mundo y yo ya no somos lo mismo. Esto pasa cuando somos tan pequeños que ni lo recordamos.

La segunda es el desarrollo de la Teoría de la Mente. Esto es comenzar a percibir que las personas del mundo – que somos conscientes de que existen fuera de mí - sienten, desean, odian, quieren...Empezamos a saber que las personas que están a nuestro alrededor tienen intenciones, deseos, ideas...diferentes a las mías. Es el momento en el que veo a mi Yo, pero también a los Otros.

A partir de ahí...¿cómo se llega a la empatía, a ver el Yo en el Otro?

Irene Fernández Arcas
irenefernandezarcas.tumblr.com

Yo, como todo sujeto humano (y algún que otro animal más) veo que los otros hacen cosas similares a mí. Algunos incluso lo hacen dirigiéndose a mí. Y algunos, además, hacen ese algo para cambiarme, para influirme de alguna forma. Yo, por mi parte, estoy haciendo lo mismo con los otros. Estamos, al fin y al cabo, comunicándonos.

La comunicación es lo que nos permite ir más allá de lo aparente, más allá de «el otro es diferente a mí». Nos permite conocer lo que hace el Otro, lo que piensa. Comprenderle. Y reconocerle como igual o parecido a mí. Es parte importante de lo que entendemos por empatía. Y, por su parte, la empatía es parte importante de lo que entendemos por solidaridad. Algo así como ayuda mutua sin paternalismos.

LA EMPATÍA, LLAMADA TAMBIÉN INTELIGENCIA INTERPERSONAL EN LA TEORÍA DE LAS INTELIGENCIAS MÚLTIPLES DE HOWARD GARDNER, ES LA CAPACIDAD COGNITIVA DE PERCIBIR EN UN CONTEXTO COMÚN LO QUE OTRO INDIVIDUO PUEDE SENTIR. TAMBIÉN ES UN SENTIMIENTO DE PARTICIPACIÓN AFECTIVA DE UNA PERSONA EN LA REALIDAD QUE AFECTA A OTRA.

Sin embargo, ¿qué pasa cuando la capacidad de comunicarte está limitada? Con esto se puede entender tanto que no dejen comunicarte, como que no se tengan las posibilidades para ello. Esto restringe la capacidad de entenderte con el Otro porque ese Otro no puede expresarse. Y si el Otro no puede hablar, el diálogo no existe y queda un monólogo en el que, por mucho que te empeñes, el público ni siquiera aplaude. Y el problema está en que por no entender al Otro, es difícil reconocerle como igual. Y, por tanto, dificulta la empatía. Y de la solidaridad ya ni hablamos.

No solo es necesario poder conocer al otro hablándole, preguntándole. El Otro tiene que poder darse a conocer; tiene que tener la capacidad, las herramientas y el poder para mostrarse a sus interlocutores.

Pero, ¡ojo!, Cuando hablamos de la comunicación no estamos diciendo que sea la panacea. Es bien sabido que los malentendidos, las disputas, las confrontaciones suelen tomar la forma de diálogo (aunque muchas veces se acerquen al monólogo). Pero al menos ha habido un espacio en el que se ha intentado compartir significados. Los malentendidos y las negociaciones son parte de la comunicación. Y bien necesaria, por cierto.

Estamos hablando de mínimos que hay que cumplir para asegurar que soy capaz de comprender las representaciones del otro para facilitar la empatía. Otra cosa es que se decida no tenerlas en cuenta. O simplemente que no se entiendan.

Pero lo que está claro es que es la comunicación es lo que nos permite negociar puntos de encuentro y que, por tanto, la comunicación no debe ser entendida como una herramienta adicional para el desarrollo social.

La comunicación, como negociación de significados, ya tiene en sí la voluntad de conocer la opinión del otro. Ya es, en sí, un diálogo. Hay dos interlocutores que son capaces de hablar, que tienen voluntad de escuchar al otro. Y en tanto que eso ocurre, se están sentando las bases del entendimiento. De la empatía. Y de la solidaridad.

Por tanto, este acto singular y mínimo en el que dos personas tratan de comprenderse es ya la creación de algo nuevo basado en un acuerdo mutuo. Y el llegar aquí ya supone un paso más. En definitiva, la comunicación ya es en sí misma, desarrollo social.

inventaria

comunicación social

//evaluar la accesibilidad

Para la evaluación de la accesibilidad contamos con varias herramientas.

Podemos hacer una evaluación manual utilizando la Tabla de Puntos de Verificación para las Pautas de Accesibilidad al Contenido en la Web 1.0. Para usarla, solo tenemos que ver el punto al que se refiere, ir a nuestra web y rellenar en la tabla si lo cumple, no lo cumple o no se aplica. También podemos hacer dicha evaluación con la Tabla de puntos de verificación de la web 2.0 (aún no traducida al castellano).

Podemos realizar una evaluación automática online. Es mucho más rápida, pero que requiere una interpretación de los resultados a posteriori. Se puede realizar un análisis de toda la página en el validador oficial del W3C (http://validator.w3.org/). También webaim.org te muestra de modo muy gráfico los problemas de una web.

Otra opción: puedes analizar solo una parte del contenido de la misma,

- Imágenes
- Contraste texto-fondo
- Cómo ven la página personas con problemas de visión

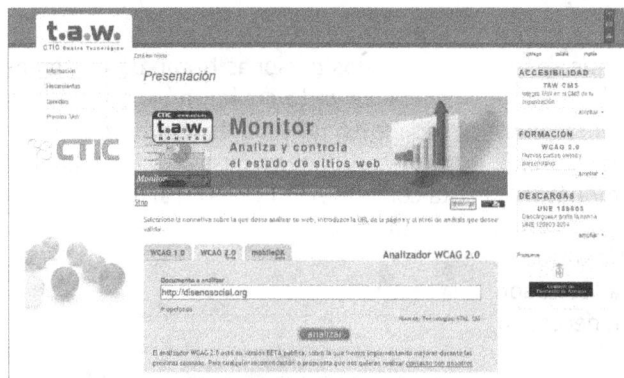

Detalle de la web www.tawdis.net que incluye un analizador WCAG 1.0 TAW (test de accesibilidad Web) es una herramienta desarrollada por Fundación CTIC que permite comprobar de forma automática ciertos aspectos de la accesibilidad Web

EL DISEÑO ABARCA MUCHO MÁS QUE LA ESTÉTICA. ES USABILIDAD. ES ARQUITECTURA DE INFORMACIÓN. ES ACCESIBILIDAD. TODO ESTO ES DISEÑO. MARK BOULTON

OBVIUS

SOLUCIONES GRÁFICAS ACCESIBLES

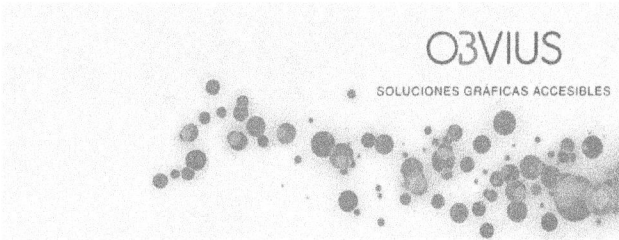

Recurrir a un servicio profesional
En OBVIUS 3 aplican un valor añadido al diseño, tanto en soporte web como en comunicación impresa, ayudando a que sea accesible para todas las personas, sin exclusión ni discriminación, te ayudan a crear diseño para todos.

VENTAJAS DE LA ACCESIBILIDAD WEB

El portal para personas con discapacidad Discapnet enumera los siguientes beneficios de una web accesible:

- Cumplir un derecho ciudadano a la participación y no discriminación por razón de discapacidad.
- Cumplir las disposiciones legislativas al respecto, tanto por la Administración Pública, obligada a ello ante la ciudadanía, como por las redes privadas que aspiren a participar en contratos con la Administración o financiación pública.
- Maximización de los usuarios potenciales, mayor alcance de la comunicación, servicios o mercado. De acuerdo con los datos del INE (1999), el 9% de la población en España tiene alguna discapacidad, en total 3.528.221 personas.
- Equivalencia de los contenidos entre distintos navegadores y dispositivos, al diseñar conforme a estándares de accesibilidad.
- Mejor indexación en los motores de búsqueda. El cumplimiento de las pautas, tanto en código como en contenidos semánticos (por ejemplo, vínculos con sentido) permite a los motores de búsqueda una mejor identificación de los contenidos, y en consecuencia, mayores posibilidades de posicionamiento en todos los buscadores.

La accesibilidad cursa además, una estrecha relación con la usabilidad de un sitio. Al cumplir con los requisitos de accesibilidad más básicos y en los elementos técnicos de una web (estructura de contenidos, vínculos, contraste de color, efectos y movimientos, los formularios y tablas, etc.), mejoran las condiciones de uso para la mayor parte de las personas.

PRINCIPALES BENEFICIOS DE TENER UNA WEB ACCESIBLE

Aumenta el número de potenciales visitantes de la página web.

Disminuye los costes de desarrollo y mantenimiento.

Reduce el tiempo de carga de las páginas y la carga del servidor.

Aumenta la usabilidad de la página web.

Demostramos que nos implicamos socialmente.

Aumenta el capital humano de las comunidades de aprendizaje potenciando la inteligencia colectiva.

// copyright vs. copyleft

COPYRIGHT   LICENCIAS LIBRES   http://bookcamping.cc

Copyleft es una denominación heterogénea bajo la cual se encuentran todos aquellos movimientos que defienden la flexibilización de las leyes de propiedad intelectual y han lanzado una alternativa a esta progresiva apropiación de la cultura por parte de los registros de propiedad. Un término que puede resultar controvertido, pues copyleft se carga de sentido al colocarlo junto a su antagonista, el copyright. Es un juego de palabras que busca subvertir las reglas de la apropiación de la cultura y poner lo que está derecho (right) en las leyes de propiedad intelectual del revés (left).

Porque si el copyright remite al derecho a restringir las copias y usos sobre sus obras, el copyleft remite también a un derecho (que tenemos los usuarios, los lectores, la sociedad) a hacer uso de las mismas obras. Son dos visiones enfrentadas sobre qué es la cultura, qué actores deben ser defendidos en ella y cómo deben distribuirse y usarse las obras de creación.

La cultura está hecha con ideas, pero su sustrato es material. Con el paso de los siglos este tejido material se ha ampliando paulatinamente, y cada ampliación ha provocado una auténtica revolución que va desde la imprenta a internet. La forma en la que accedemos, copiamos, modificamos y creamos la cultura y el conocimiento depende de este tejido cultural pero también de las leyes de propiedad intelectual .

Tres siglos atrás los propietarios de la cultura tenían el control solo durante catorce años desde que un libro salía de la pluma del autor y solo controlaban el derecho a hacer copias de las obras. Con el tiempo fue ampliándose el tipo de usos que controlaban y la duración de estos privilegios. Hoy en día, los dueños de la cultura, que no son necesariamente los autores sino los productores eco-

La cultura está sufriendo un progresivo proceso de apropiación en nuestra época. La cultura es el tejido espiritual con el que los hombres, y las mujeres, construimos nuestros sueños, nuestras creencias y nuestra imagen del mundo. Hubo una época en que la cultura no tenía dueño. Casi tampoco había autores. Los romances y los cantares de gesta pasaban de boca en boca, formaban parte del imaginario colectivo y cada uno podía añadir de su propia cosecha a lo que acababa siendo una creación colectiva compartida por todos. Todos éramos creadores.

Con la imprenta aquello cambió y después vinieron las primeras leyes de copyright, a principios del siglo XVIII. Las tornas se apretaron un poco más y la cultura comenzó a tener propietarios y quedó trazada una gruesa línea entre quienes eran autores, de un lado, y usuarios, del otro; entre quienes tenían determinados derechos sobre la cultura, los autores, y quienes tenían limitaciones sobre ella, los usuarios. Con el tiempo la apropiación de la cultura y el conocimiento se ha ampliado a través del copyright hasta abarcarlo todo.

The Pirate's Dilemma es un libro en donde el autor Matt Mason propone que, en vez de combatir a la piratería, lo que hay que hacer es competir con ella. Para ser coherente con su postulado, dejó el libro, en inglés, para descarga gratuita, previamente deberá colocar un precio que puede ser cero, colocar algún e-mail y nombre y luego aparecerá el link para descarga del archivo.

En la página de descarga del libro aparece:

http://thepiratesdilemma.com

¿Por qué un autor regalaría un libro? Obviamente, tiene mucho sentido dados los argumentos en este libro, pero es cierto para todos los autores que la piratería no es una amenaza, es una oportunidad.

"Pirates bring choice and cause change. In this stunning book, Matt Mason forgets the parrots and the eye patches, but manages to teach us all a great deal. I learned a lot." —**SETH GODIN**, author of *The Dip. A Little Book That Teaches You When to Quit (and When to Stick)*

THE PIRATE'S DILEMMA
HOW YOUTH CULTURE REINVENTED CAPITALISM

MATT MASON

EL COPYLEFT PRETENDE SITUAR AL USUARIO EN EL CENTRO DE LA CULTURA Y DAR RIENDA SUELTA A LA CREATIVIDAD COLECTIVA DE LA SOCIEDAD.

nómicos (discográficas, editoriales, etc.), controlan virtualmente cualquier uso que se haga de una obra e incluso han alargado estos privilegios hasta setenta años después de la muerte del autor.

Originalmente, el copyright estaba destinado a regular principalmente la esfera comercial de la propiedad intelectual. Era una ley básicamente para empresas que apenas alcanzaban a entrar en el espacio íntimo en que el común de los mortales accede y manipula la cultura. Ha sido tras la aparición de tecnologías que permiten a los usuarios manipular la cultura (grabarla, reproducirla, transformarla, etc.), como son la fotocopiadora, la radio de doble pletina y los ordenadores que los propietarios de la cultura han buscado extender el ámbito de sus privilegios para proteger su modelo de industria. En ese momento, el copyright comienza a regular, no solo la esfera comercial de la cultura, sino que limita la capacidad que cada uno de nosotros tiene para manipular la cultura, acceder a ella y usarla en nuestros espacios íntimos.

El movimiento del copyleft hace suyo el ideario de la comunidad del software libre, dentro de la cual se acuña este concepto. Fue Richard S. Stallman, antiguo miembro del Massachussets Institute of Technology (MIT) de EE.UU. y fundador del movimiento del software libre, quien acuñó a mediados de los ochenta el concepto de copyleft plasmado en una licencia denominada GPL (General Public License), baluarte legal del movimiento.

La GPL dice que un autor que distribuya sus programas de software con esa licencia permite a los usuarios que lo copien, modifiquen y lo distribuyan -e incluso lo vendan- libremente. En el fondo de este primer copyleft, desarrollado por hackers y programadores experimentados, está la idea de que cualquier usuario podía intervenir en los programas, mejorarlos, y aportar los productos de su creatividad al bien común..

Respaldados por las leyes que han conseguido sacar adelante por todo el mundo y apoyados en nuevas tecnologías de restricción de usos denominadas DRM (Digital Right Management), los propietarios de la cultura, aliados a los movimientos defensores de restringir el poder de usuario en el uso y distribución de la información, pretenden establecer un modelo en el que las obras culturales son reducidas a un puro objeto comercial.

El modelo se basa en restringir todos los usos posibles de las obras y cobrar por cada uno de ellos. El planteamiento es sencillo, se trata de convertir al ciudadano en un puro consumidor de la cultura, no en un usuario de ella.

Detrás del copyleft hay una idea revolucionaria que subvierte todo este entramado legal desde dentro. Mientras que el copyright se basa en limitar los usos que la sociedad puede hacer de las obras, el principio del copyleft se fundamenta en permitir el máximo uso posible de las obras. Donde el copyright dice «prohibido» el copyleft dice «permitido».

Este movimiento desorganizado agrupa posturas muy diversas luchas, desde la supresión de las leyes de propiedad intelectual hasta realizar simplemente una flexibilización de sus límites, en la que se pueda concebir a todos los usuarios de la cultura como nuevos creadores o potenciadores de su desarrollo y difusión.

// copia este libro
david bravo

Copia este libro es un ensayo de David Bravo bajo licencia Creative Commons impreso el 7 de junio de 2005 por la editorial Dmem. Trata sobre las redes de paridad (P2P) y la propiedad intelectual especialmente en España, tal como dice el mismo: las redes P2P, los medios de comunicación y su creación de una moral artificial, el canon y la cultura del miedo.

El ensayo trata los aspectos más polémicos de las redes de paridad y la propiedad intelectual, analizando el papel de los medios de comunicación, la industria discográfica o los superventas fomentando una estrategia basada en el miedo o la mentira, para así hacer frente al avance tecnológico que beneficia a millones de usuarios de Internet y a la sociedad en general.

Se desmontan las tesis más populares usadas para acusar de criminales y piratas a quienes comparten, difunden sin ánimo de lucro cultura, aportándose datos para avalar la legalidad y los beneficios de esta nueva revolución cibernética.

El beneficio que genera compartir cultura sin limitación es un exiliado en los medios de masas y en las agendas de los gobiernos. Nada, o menos que nada, importa el hecho de que millones de ciudadanos tengan hoy un acceso a la cultura que hasta ayer solo soñaban. Que se pida que el interés privado no aplaste al interés general o que las empresas se adapten o sometan a esta nueva realidad es un delirio propio de piratas.

Puedes descargarlo en:
http://copiaestelibro.bandaancha.st

Más info en:
http://copiaestelibro.bandaancha.st

//creative commons

En esa idea originaria y en la GPL se han inspirado toda una serie de licencias que recogen, total o parcialmente, el ideal que consagra la distribución, así como el libre acceso y uso de la información como máxima, y desde ahí se ha producido su extensión a nuevos ámbitos artísticos a partir de iniciativas como la de Creative Commons, una organización sin ánimo de lucro fundada en EE.UU. por Lawrece Lessig, profesor de derecho de la Universidad de Stanford y batallador incansable contra la extensión de las leyes de propiedad intelectual.

Creative Commons se ha convertido desde su fundación en el año 2001 en el principal baluarte en la promoción y extensión del ideario del copyleft hacia nuevos ámbitos de la cultura. El proyecto ha creado una serie de licencias, traducidas y adaptadas a una docena de países actualmente, entre los que se encuentra España, que ofrecen al autor establecer los usos que permite y los que limita de sus obras. Cualquier creación que tenga una licencia de Creative Commons puede ser copiada y distribuida libremente, y siempre que se use hay que mantener la atribución al autor original.

No está claro hasta dónde puede alcanzar este movimiento y si los proyectos e iniciativas que se desarrollan actualmente llegarán a calar con fuerza en la sociedad, pero la semilla está plantada, y este movimiento desorganizado ha comenzado a despertar conciencias y a llamar la atención sobre la peligrosa apropiación que está sufriendo la cultura en nuestras sociedades. El copyleft trata de colocar a los usuarios en el centro de la cultura y es responsabilidad nuestra aceptar el papel que nos corresponde en el respeto y difusión de su uso.

LICENCIAS PARA TODOS LOS GUSTOS

Hay licencias de tipo copyleft para todos los gustos, unas más permisivas que otras, pero todas ellas permiten que las creaciones se copien y se distribuyan libremente y obligan normalmente a mantener la atribución al autor. Después el autor fija si sus obras pueden ser modificadas, si se pueden hacer usos comerciales de ellas y si hay que compartir las obras derivadas en las mismas condiciones.

General Public Licence (GPL) y copyleft es la madre de todas las licencias libres. Libre no significa gratuito. La GPL apunta hacia la libertad para utilizar el software, modificarlo y distribuirlo a voluntad. La GPL, es un pilar central del movimiento del software libre y la inspiración para toda una serie de licencias desarrolladas posteriormente. De la misma familia es la GNU Free Documentation Licence (GFDL), utilizada en los manuales del software libre. Muchas otras licencias de este estilo son la Licencia Apache, Licencia Mozilla, la Licencia BSD, etc.

Open Audio Licence: música para todos. Fue creada en el año 2001 por la organización más batalladora por los derechos civiles en el entorno digital, la Electronic Frontier Foundation. Otra licencia para la música es la Free Music Public Licence.

Ejemplo: este MANUAL DE DISEÑO SOCIAL tiene licencia Creative Commons de:
- by: reconocimiento
- nc: no comercial
- SA: compartir igual

// bookcamping.cc

Dentro de las iniciativas de cultura libre destacamos Bookcamping, una biblioteca digital colaborativa que reseña y enlaza recursos licenciados en su mayoría con licencias abiertas. También es una herramienta, un lugar, una comunidad, un dispositivo inacabado donde puedes entrar a bajar, subir, agrupar y etiquetar documentos que contribuyan a crear un fondo común abierto que nos ayude a repensar el mundo.

#bookcamping es una biblioteca donde poder reseñar, enlazar y descargar contenidos en diversos formatos (textos, audios, videos). Es una biblioteca abierta y colaborativa que nace a la luz del 15M cuyo objetivo es socializar la lectura e incentivar la cultura del compartir. #bookcamping propone llenar sus estanterías con contenido 100% libre contribuyendo a un modelo de cultura sostenible.

Hoy por hoy el equipo #bookcamping se desorganiza horizontalmente, choca, fricciona e intenta salir de todos los apuros y seguir construyendo.

Entra, bichea, comparte, busca y descubre libros, personas, sitios, vídeos y sonidos relacionados, además de por su contenido crítico, por un modo de entender la producción, distribución y difusión de contenidos. El fondo y los protocolos de esta mediateca los componemos y disfrutamos entre todas. Hazte bookcamper y a gozarla.

EL VALOR DEL SABER POPULAR

Un poco de historia

En una época en que pocos tenían la oportunidad de estudiar, a inicios del siglo xx, nacieron las universidades populares. Estas organizaciones educativas pretendían acercar el conocimiento más allá de limitaciones como el poder adquisitivo. Hoy en día, la sociedad ha cambiado, pero su papel sigue siendo relevante para abrir la enseñanza a todos.

El enfoque original de las universidades populares sigue aportando valor a muchas personas. Parece, pues, todavía vigente la frase del escritor y periodista Vicente Blasco Ibáñez sobre ellas en el momento de su creación: «Son un terreno nuevo, donde todos puedan entrar, donde se presente la enseñanza con ropajes de fiesta y se sirva la ciencia como una diversión».

// Massive Open Online Course

Massive Open Online Course (traducido al castellano como Cursos en Línea Masivos y Abiertos) son las palabras que componen el acrónimo MOOC, la metodología de formación online que está transformando nuestra forma de entender el tradicional modelo académico.

Gracias a la expasión de internet podemos usar esta herramienta para democratizar el acceso al conocimiento. Su objetivo: romper las barreras económicas y logísticas de la formación.

La comunidad educativa internacional, abanderada por algunas de las principales universidades del mundo, considerando la importancia de este fenómeno, no ha dudado en sumarse al movimiento o, al menos, tomar nota de él y empezar a entender que las cosas están cambiando.

CARACTERÍSTICAS

Para que la enseñanza a distancia pueda ser considerada MOOC debe cumplir los siguientes requisitos:

- Ser un curso: Debe contar con una estructura orientada al aprendizaje, que suele conllevar una serie de pruebas o de evaluaciones para acreditar el conocimiento adquirido.
- Tener carácter masivo: El número de posibles matriculados es, en principio, ilimitado, o bien en una cantidad muy superior a la que podría contarse en un curso presencial. El alcance es global.
- En línea: El curso es a distancia e Internet es el principal medio de comunicación. No requiere la asistencia a un aula.

- Abierto: Los materiales son accesibles de forma gratuita en Internet. Ello no implica que puedan ser reutilizados en otros cursos.

UN POCO DE HISTORIA

David Wiley puede ser considerado el autor del primer MOOC conceptual, o proto-MOOC, iniciado en la Universidad Estatal de Utah en agosto de 2007. Se trataba de un curso de educación abierta. Esta iniciativa tuvo continuidad en numerosos proyectos impulsados desde diferentes centro universitarios dentro y fuera de los Estados Unidos.

El término MOOC fue acuñado en el año 2008 por Dave Cormier y Bryan Alexander cuando el número de inscritos a su curso Connectivism and Connective Knowledge(CCK08) aumento a casi dos mil trecientos (2300) estudiantes.

Un hito en la historia de MOOC viene ligado en el otoño de 2011 cuando más de 160.000 personas se matricularon en un curso de Inteligencia artificial ofrecido por Sebastian Thrun y Peter Norvig en la Universidad de Stanford, a través de una compañía startup llamada Know Labs (actualmente Udacity).

Dado el éxito y el elevado número de matriculados, Daphne Koller y Andrew Ng crearon Coursera. Basada en una tecnología desarrollada en Stanford, Coursera se ha ido convirtiendo en un plataforma apoyada por numerosas universidades de prestigio (Yale, Princeton, Michigan, Penn).

En la costa, este por su parte, el Instituto Tecnológico de Massachusetts lanzó MITx en un esfuerzo por aportar una plataforma abierta y gratuita para la educación en línea. Harvard se unió al poco tiempo a esta iniciativa, renombrada como edX, a la que se han ido sumado otras universidades como Berkeley.

MOOC EN IBEROAMÉRICA
El 15 de marzo de 2012 surge el primer MOOC en castellano bajo el proyecto Crypt-t4you. Los investigadores Dr. Jorge Ramió y Dr. Alfonso Muñoz elaboran, con sede en la Universidad Politécnica de Madrid y con el soporte de la Red Temática de Criptografía y Seguridad de la Información Criptored de la cual son editores, el curso del algoritmo criptográfico RSA.

En abril de 2013 se inaugura un nuevo curso MOOC, centrado en la problemática de la privacidad y protección de las comunicaciones digitales con más de 3.000 alumnos mensuales en cada lección.

Otro MOOC destacable fue iDESWEB, Introducción al desarrollo web, un curso organizado por la Universidad de Alicante en agosto de 2012.

En el mundo hispano hay que destacar el impulso pionero de UNIMOOC, una apuesta colectiva y colaborativa concebida inicialmente en el IEI y desarrollada con el concurso de instituciones universitarias y empresas privadas en un proyecto específico relacionado con el Emprendimiento y los Casos de Éxito en la Economía Digital. UNIMOOC AEMPRENDE primera iniciativa que utiliza la plataforma Course Builder de Google. En la misma línea de la metodología MOOC UNED-CSEV desarrolla un ambicioso proyecto a través de una acuerdo con el MIT.

En diciembre de 2012 surgen Miríada X y Wedubox, el primero es proyecto que nace por iniciativa de Universia –red de universidades de habla hispana y portuguesa, promovida por Banco Santander- y Telefónica - a través de Telefónica Learning Services, que han contado con la colaboración de la Fundación CSEV. A partir de enero de 2013 los usuarios interesados, pueden inscribirse como alumnos en Miríada X.

En el caso de Wedubox nace como una plataforma descentralizada donde cualquier docente puede crear MOOCS sin pertenecer a ninguna organización. En febrero de 2013, Wedubox contaba con 1.400 docentes inscritos y creando más de 30 MOOCs y cursos pagos, estos últimos con la opción de percibir un 70% de ingresos sobre las ventas.

CRÍTICAS AL MODELO
Uno de los mayores retos de los MOOC's es que muchos de sus estudiantes no terminan los cursos en los cuales están inscritos; entre las razones por las que se da esta situación están:

1. Toma mucho tiempo.
2. Se asume demasiado conocimiento por parte de los docentes.
3. Básico, no es precisamente el ámbito de universidades como Standford, Oxford y el MIT.
4. Clases fatigantes.
5. Pobre diseño del curso.
6. Comunidad torpe.
7. Mala revisión de pares y presencia de troles.
8. Sorpresas por costos ocultos.
9. No se obtiene una credencial.

//en movimiento
hacia la sostenibilidad

Juanjo Amate | @juanjoamate

Que estamos sumidos en una grave crisis de sostenibilidad no parece ser noticia, queda solapada por otras crisis más conocidas y sobre todo más interesadas, aunque no por ello deja de ser importante, siendo además una crisis con una triple vertiente, la de la cada vez mayor escasez de recursos que hace aumentar la inequidad en su reparto y acceso a los mismos, la de la degradación de los ecosistemas que está generando graves cambios e importantes consecuencias y, una tercera, la relacionada nuestro ineficaz modelo de producción que no esta orientado a ofertar productos y servicios para cubrir las necesidades básicas, sino a generar nuevas necesidades inventadas.

Y hasta podríamos hablar de una cuarta vertiente, la de la inconsciencia al pensar que solo gobiernos y grandes empresas tienen en su mano solucionar esta situación, menospreciando nuestro poder como ciudadanos para transformar la realidad. Creo que así nos descargamos de la responsabilidad como ciudadanos sobre la protección y conservación de nuestro entorno, tanto social como ambiental, y esta indolencia también nos ha llevado a la actual crisis de sostenibilidad. Y he ahí uno de los matices que han cambiado en torno a la percepción de la sostenibilidad: parece que se empieza a entender que cuestiones sociales y ambientales van unidas y es imposible resolver unas sin atender al efecto sobre las otras.

Un primer paso para el cambio es que seamos conscientes de nuestro comportamiento diario en cuestiones tan cotidianas como los hábitos de consumo de recursos tales como alimento, ropa, útiles y electrodomésticos, agua o electricidad o los medios de transporte que utilizamos y valoremos el impacto que ello llega a suponer. Conceptos como Huella de Carbono, Agua Virtual, Economías Verde, Azul o del Bien Común o SROI se van a hacer cada vez más conocidos al igual que a día de hoy ocurre ya con sostenibilidad, queda el reto de que sirvan para comunicar el mensaje que hay detrás, y se usen para ir hacia una sociedad más sostenible.

Junto a ello, queda comprender que avanzar hacia una sociedad más sostenible es un proceso fuertemente vinculado a la cultura de esa sociedad, no puede entenderse como una meta o algo estático, sino un continuo movimiento. Se asemejaría al de una bicicleta, por ser la permanente búsqueda del equilibrio entre los aspectos económicos de esa sociedad y los impactos sociales y ambientales derivados de la misma, un equilibrio que requiere de estar en continuo movimiento y un movimiento que requiere de energía que no proviene de ningún motor externo, sino que es la propia organización la que debe dar a los pedales y fomentar ese cambio en su cultura para incorporar la sostenibilidad.

Y es que desde algo tan efímero como un evento hasta cualquier producto, servicio u organización puede ser y comportase de una forma más sostenible, solo es cuestión de desarrollar las herramientas y estrategias adaptadas a su actividad, su entorno, las demandas de los agentes con los que actúa y sus retos, una suerte de Sostenibilidad a Medida.

HACIA OTRO MODELO DE MOVILIDAD: DOBLE FILA

Partiendo de la queja ante los vehículos estacionados en doble fila que dificultan circular en bici por la ciudad y con la ironía como arma al llamarse precisamente como el problema que quiere erradicar DOBLE FILA, este colectivo pretende no solo difundir y denunciar las acciones que van en contra de un modelo de movilidad más sostenible, sino servir de altavoz y escaparate de ejemplos que ya funcionan en otros territorios y que podrían trasladarse a su ciudad, Almería, de ahí su hastag #igualicoquealmeria.

Con tan solo un blog y las redes sociales han logrado pequeñas victorias en forma de aceras más accesibles, consenso de los grupos políticos para impulsar los caminos escolares seguros o mayor dialogo entre usuarios y administración a la hora de abordar la reorganización de las líneas de transporte en autobús. Y es que pese a no vivir en New York (algo que algún concejal les ha puesto como excusa) creen que en cualquier territorio se pueden poner en marcha multitud de medidas para lograr un modelo de movilidad más sostenible (tanto en lo ambiental como en lo social), tan solo creen que es cuestión de voluntad.

UNA GIRA CON MUCHAS REVOLUCIONES: NIÑOS MUTANTES

¿Rock y Sostenibilidad? No parecen que vayan muy de la mano, más bien se diría que son filosofías de vida muy diferentes.

Cartel gira sostenible
del grupo «Niños Mutantes».

Pero algo está cambiando cuando un grupo como los granadinos Niños Mutantes comienzan a medir la Huella de Carbono (cantidad de emisiones de Gases con Efecto Invernadero, principalmente CO_2) de la gira de su disco Náufragos y descubren cómo en apenas seis meses y 24 conciertos han recorrido 20.000 kilómetros y generado una Huella de Carbono de 6 toneladas.

Lo más interesante llega entonces, cuando deciden compensar estas emisiones plantando un Bosque Mutante que a lo largo de su vida transforme esas emisiones en hojas, madera y más oxígeno. Junto con sus fans ya lo han creado en el pueblo de Capileira, en plena alpujarra, así han logrado que sus canciones dejen huella, pero no impactos en la sostenibilidad.

«ESO QUE LLAMAMOS MILAGROS COMIENZAN A SUCEDER CUANDO LE PONEMOS MÁS ENERGÍAS A NUESTROS SUEÑOS QUE A NUESTROS MIEDOS.» JUANJO AMATE

111

// las cosas son como son
pero no siempre cómo la vemos los «occidentales»

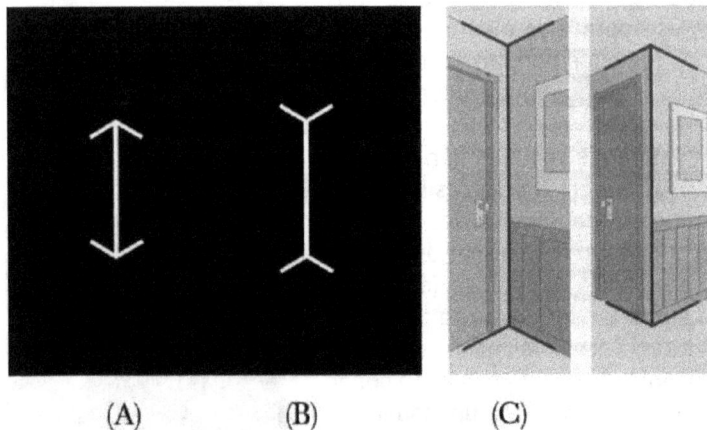

(A)   (B)   (C)

Fuente: http://www.yorokobu.es/insolitos-occidentales

La ilustración que mostramos arriba a la izquierda, (A) y (B), es una de las ilusiones ópticas más conocidas y estudiada por la psicología: la ficción de que dos líneas rectas representadas en tres dimensiones tienen distinta longitud en función de la perspectiva. Cuando nos muestran la imagen, nos cuesta muchísimo asimilar visualmente que ambas tienen el mismo tamaño y tendemos a pensar que la (B) es ligeramente mayor.

Sin embargo, un estudio mostró la misma imagen a los bosquimanos del Kalahari y para ellos ambas líneas miden exactamente lo mismo, sin ningún tipo de duda. Esta ilusión óptica no existe para ellos.

La conclusión provisional, y como siempre etnocéntrica, fue que los bosquimanos tenían un punto de vista peculiar y extraño, que les impide sufrir la ilusión óptica que es evidente para cualquier otro ser humano. Sin embargo, la mayoría de los sujetos no occidentales encuestados no captaron la ilusión óptica; como los bosquimanos, veían las líneas como son: iguales.

La conclusión final, en realidad, reveló que los «raros» somos los «occidentales». Hemos crecido en habitaciones en forma de caja (C) y nuestra percepción visual está adaptada a este extraño nuevo entorno (extraño y nuevo si lo miramos desde términos evolutivos), en el que aprendemos a percibir líneas convergentes en tres dimensiones. De hecho, «la población occidental pasa de media cerca de un 90 % de su tiempo en espacios cerrados, mucho del cual es en el propio domicilio», según la campaña Hogar sin tóxicos.

El hallazgo de esta disonancia cultural llevó al investigador Joseph Hendrich a sumergirse en el mundo de los estudios científicos para descubrir que el 96% de los sujetos participantes en estudios psicológicos eran occidentales, y de ellos, el 70% eran estadounidenses.

PERO NO ES UN CASO ÚNICO

Joseph Heinrich y sus compañeros de la Universidad de British Columbia, Steven Heine y Ara Norenzayan, publicaron en 2009 un controvertido artículo titulado 'The Weirdest People in the World', y en él, alumbraron el afortunado acrónimo W.E.I.R.D., las siglas de «Western, Educated, Industrialized, Rich and Democratic» para referirse a esos extraños sujetos «occidentalizados».

Este artículo sobre la «gente más rara del mundo» es seguramente la advertencia más importante contra el uso abusivo de la «naturaleza humana» en las últimas ciencias sociales.

El problema es que la inmensa mayoría de las investigaciones, tanto en ciencias sociales como en cualquier otra rama científica, se realiza en centros de investigación occidentales (EEUU, Europa y Japón), de modo que los resultados están sesgados por la abusiva participación de los occidentales y su peculiar (extraña, en realidad) forma de mirar el mundo.

El hecho de que una parte del mundo que representa solo el 12% de la población mundial cope el 96% de los sujetos humanos de los estudios ya es alarmante estadísticamente.

Este problema con la gente rara es, en parte, el responsable de la mala reputación que tiene la actual psicología evolucionista como disciplina científica o, al menos, de una parte de su versión más popular.

Ejemplos de estas generalizaciones abusivas y basadas en muestras pequeñas incluyen trabajos que han tenido gran difusión en la psicología evolucionista popular, significativamente relacionados con historias capaces de atraer la atención de la prensa y las narrativas morales contemporáneas.

Diferencias culturales

Los seres humanos coincidimos en rasgos como la percepción de ciertas ilusiones y del color, en rasgos básicos de la teoría de la mente o en la expresión de emociones básicas, pero el entorno social es responsable de variaciones significativas en áreas sumamente diversas:

1. Diferencias en procesos cognitivos aparentemente básicos, relacionados con la percepción visual de la ilusión Mueller-Lyer.

2. Diferencias significativas en la toma de decisiones económicas, según se desprende del estudio comparado del «juego del ultimatum» y del «juego del dictador».

3. Diferencias en el modo de razonar sobre el mundo natural, especialmente empobrecido en las sociedades industriales.

4. Diferencias en el modo de razonar sobre el espacio.

5. Las variaciones culturales también implican diferencias en el concepto de justicia.

Fuente:
http://www.revolucionnaturalista.com/2010/09/gente-rara-y-psicologia-evolucionista.html

MÁS EJEMPLO
EL JUEGO DEL ULTIMÁTUM

Joe Henrich y sus colegas también están sacudiendo los fundamentos de la economía y la esperanza de cambiar la forma en que los científicos sociales piensan sobre el comportamiento y la cultura humana.

En el verano de 1995, Joe Henrich viajó a Perú para llevar a cabo algún trabajo de campo entre los machiguengas, un pueblo indígena que vive al norte de Machu Picchu en la cuenca del Amazonas. Los machiguengas habían sido tradicionalmente horticultores que vivían en casas unifamiliares con techo de paja en pequeñas aldeas compuestas por grupos de familias extensas. Para su sustento, se apoyaron en productos locales de la agricultura a pequeña escala.

Mientras que el entorno era bastante típico de un antropólogo, la investigación de Henrich no lo era. En vez de la práctica tradicional de la etnografía, decidió realizar una prueba de comportamiento que había sido desarrollado por los economistas. Henrich utilizó un «juego» para ver si las culturas aisladas compartieron con Occidente el mismo instinto básico de la equidad. De este modo, Henrich espera confirmar una de las hipótesis fundamentales que subyacen en este tipo de experimentos, y, de hecho, que sustentan todo el ámbito de la economía y la psicología: que los seres humanos comparten el mismo mecanismo racional y psicológico de la evolución cognitiva.

La prueba que Henrich presentó a los machiguengas se llamaba el juego del «ultimátum» en el que participan dos jugadores, uno de los cuales recibe una cantidad de dinero que debe dividir con el otro participante. Si este rechaza la oferta, los dos se quedan sin dinero. La lógica económica dicta que los jugadores occidentales tenderán a ofrecer un acuerdo del 50-50, y que cuando no exista equidad en la oferta, un jugador tenderá a castigar al otro.

Cuando empezó a funcionar el juego se pudo ver claramente que el comportamiento Machiguengan era dramáticamente diferente a la de la media de América del Norte. Para empezar, las ofertas del primer

«LA IDEA DE RECHAZAR UNA OFERTA DE DINERO GRATIS LES PARECÍA SIMPLEMENTE RIDÍCULA»

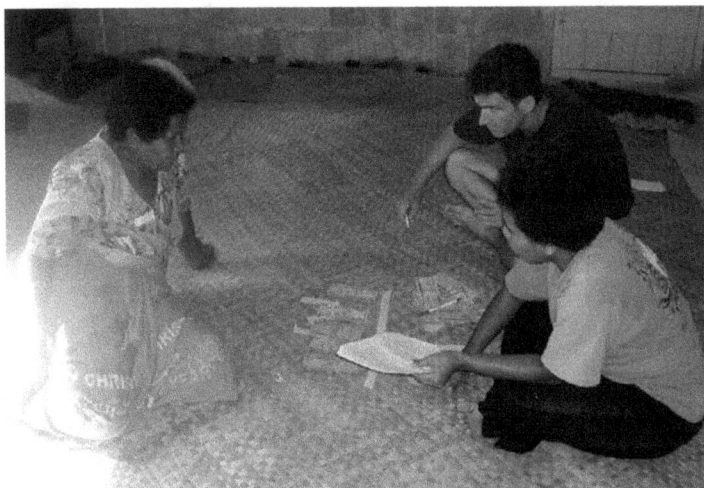

Joe Henrich y su asistente de investigación en una aldea de las Islas Fiji.

jugador eran mucho más bajas. Además, el receptor rara vez se negó incluso cuando se le ofrecía la cantidad más baja posible. Los participantes parecían encantados de recibir cualquier oferta, por pequeña que esta fuera:

«La idea de rechazar una oferta de dinero gratis les parecía simplemente ridícula», explica Heinrich. «Ellos simplemente no entienden por qué alguien iba a sacrificar dinero para castigar a alguien que tuvo la suerte de llegar a jugar otro papel en el juego.»

Las posibles consecuencias de los resultados inesperados fueron rápidamente evidentes a Henrich. Sabía que una gran cantidad de literatura científica en las ciencias sociales -en particular en la economía y la psicología- se basó en el juego del ultimátum y experimentos similares. En el corazón de la mayor parte de esa investigación estuvo la suposición implícita de que los resultados revelaron rasgos evolutivos y psicológicos comunes a todos los seres humanos, sin importar que los sujetos de prueba fueron casi siempre individuos del Occidente industrializado.

Empezó a preguntarse: ¿Qué otras certezas acerca de la «naturaleza humana» en la investigación en ciencias sociales tendrán que ser reconsideradas cuando se puedan probar través de diversas poblaciones?

A continuación, el investigador realizó la misma prueba con otros 14 grupos sociales pequeños, de Tanzania a Indonesia, para concluir que la generosidad con el contrincante era la norma y no la excepción, que era el caso entre los occidentales.

Los ejemplos que incluye el artículo sobre la «excepcionalidad cultural occidental» son abundantes, desde la idea de que el amor romántico es la base del matrimonio, apenas sustentada por la mayoría de los no occidentales, para quienes el matrimonio debe preceder al amor, hasta la particularidad del pensamiento analítico occidental frente al razonamiento holítistico de la mayoría del resto de los pueblos del mundo: «En Occidente desarrollamos la visión de que estamos separados del resto del mundo, lo que podría estar conectado con cómo razonamos», explica Henrich.

Si bien los autores del estudio temían ser repudiados por sus colegas tras la publicación del mismo, tal y como reconoce Henrich en una entrevista en Pacific Standardr, lo cierto es que sucedió lo contrario: poco a poco, investigadores de diferentes disciplinas, de la neuroimagen a la psicolingüística, entonaron el 'mea culpa', reconociendo un hecho que se les había pasado por alto: los participantes en sus estudios casi siempre eran WASP (o WEIRD), de modo que los resultados de los mismos estaban condicionados por este sesgo.

Fuente: http://www.psmag.com/magazines/pacific-stan-dard-cover-story/joe-henrich-weird-ultimatum-game-sha-king-up-psychology-economics-53135/

// inteligencia colectiva

«Ninguno de nosotros es tan listo como todos juntos»
Frase aportada por Valentín García Gallego | @gafolito

La inteligencia colectiva es una forma de inteligencia que surge de la colaboración e interacción de muchos individuos o seres vivos de una misma especie. Hoy es un término generalizado de la cibercultura o la sociedad del conocimiento.

El concepto de inteligencia colectiva se ve impulsado con las nuevas tecnologías de la información y la comunicación, especialmente con Internet. Con la Web 2.0 aparecen nuevas formas de relacionarse en las que los consumidores pasan a ser también creadores, como consecuencia de una gran facilidad para la aportación de información. Existe, por tanto, una gran libertad para aportar contenidos en la red y así los propios consumidores pueden construir contenidos colaborando entre ellos, aportando nuevos datos, corrigiendo, ampliando, etc.

Esta nueva oportunidad que ha brindado la web 2.0 ha derivado en la creación de espacios dedicados exclusivamente a la creación de contenidos a través de una inteligencia colectiva, como es el caso de *Wikipedia*. Sin embargo, existen también controversias en este campo. Hugo Pardo Kuklinski expone el peligro de la aparición de «imprecisiones intelectuales» debido a esta total libertad para aportar nuevos contenidos o modificarlos, de esta manera «se sitúa en el mismo nivel a escritores amateur y profesionales».

En contrapartida a este argumento, otros destacan la importancia de la ampliación del saber, donde todos pueden aportar algo que haga crecer la inteligencia colectiva, ampliar los puntos de mira y no quedarse tan solo con las aportaciones de los profesionales.

Al mismo tiempo, esta inteligencia colectiva se mantiene en constante revisión por los mismos consumidores que van actualizando la información, ampliándola y corrigiéndola.

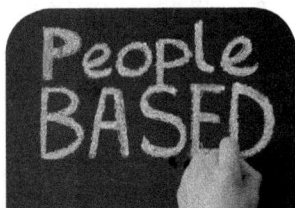

Fuente: Artwork and photos that relate to the thinkpublic book. flickr.com/photos/thinkpublic/sets/72157609439214770/with/3043611216

¿NO ESTÁIS NOTANDO QUE ALGO ESTÁ CAMBIANDO?

Rubén Fernández Vela | @we_r_so_amazing

La forma en que nos relacionamos con otros está transformándose de forma acelerada. Las redes humanas y las relaciones interpersonales, están sufriendo una importantísima modificación que está cambiando nuestra vida cotidiana en cuanto a cómo nos conectamos. Las redes humanas se estructuran de manera compleja, desempeñando un papel vital que afecta al conjunto de la sociedad humana. Podemos decir que con cada paso que andamos nos alejamos del «yo» como individuo, al «yo» como integrante de una red humana, creando y creciendo en número y complejidad los vínculos entre la red que integramos y esta con otras redes a una velocidad pasmosa. Así las personas estamos conectadas por inmensas redes humanas.

Nico lost in Tuscany
www.lostintuscany.com

Esta revolución en las redes humanas nace junto con la proliferación de nuevas vías de información y de comunicación, gracias a la Web y a su «producto estrella» las Redes Sociales o las Redes Generadoras de Redes Sociales y los demás Entornos Digitales haciendo que las fronteras del mundo se hayan desvanecido. Para entender esto es vital el no olvidar que detrás de un dispositivo conectado a la Internet hay una persona, un ser humano. Todo esto, ha dado pie a que estas redes humanas –convertidas ahora en «superorganismos»– nos ayuden a poder trascender de nosotros mismos y sobre pasar a nuestras limitaciones.

Ahora somos capaces de conseguir juntos lo que no éramos capaces de conseguir de manera individual. Uno de los casos más fascinantes al respecto es el de la «innovación abierta». Hemos pasado de una, supuesta, creatividad individual a pasar a una grupal y llegar, finalmente, a la actual: la creatividad social. El hombre es un ser social y, ahora lo es más si cabe, gracias a la «hiper-conexión» que nos proporciona la tecnología, dotando a estos «superorganismos» de una conciencia colectiva.

Esta conciencia colectiva ha cuajado dando frutos dentro de la innovación abierta, en realidades tan importantes e imprescindibles como el de la CoCreación: un nuevo y apasionante mundo por descubrir, infinitamente divertido y garante de nuevas, necesarias y a la vez maravillosas posibilidades, solo hemos de aprender las reglas del juego para empezar a disfrutar CoCreando.

PARA QUE LO ENTENDAMOS MEJOR, PODEMOS EXPLICARLO CON LA SIGUIENTE METÁFORA: NUESTRO CEREBRO HACE COSAS Y FUNCIONA CON UNA PRECISIÓN ASOMBROSA. IMAGINEMOS QUE TUVIERA UNA SOLA NEURONA ¿DARÍA EL MISMO RENDIMIENTO? SERÍA IMPOSIBLE.

DE LA MISMA FORMA ESTAS REDES NOS AYUDAN A HACER COSAS QUE NOSOTROS MISMOS SERÍAMOS INCAPACES,

EN CASO ALGUNO, DE PODER HACER.

// felicidad voluntaria
Más felices juntos que por separado

"Uno a uno todos somos mortales. Juntos, somos eternos" Apuleyo

Vivimos inmersos en una sociedad mejor formada, mejor conectada y más informada que nunca. Sin embargo, mientras aumentan los accesos a recursos materiales parece que la búsqueda de la felicidad y la realización personal sigue alejándose de nuestro alcance. ¿Has visto la cantidad de marcas que nos venden "felicidad"?

Pero las respuestas que estás buscando no la encontrarás en los anuncios de publicidad. La web argentina Idealistas.org junto con la agencia Too Much han realizado un estudio con bases psicológicas y sociológicas que te pueden ayudar más en tu búsqueda.

Contrario a mensajes como "no tenemos sueños baratos", la ciencia introduce como una de las claves para la felicidad y concepto que erróneamente estaba más asociado a sacrificio personal: la solidaridad.

Según este estudio, las personas felices se sienten más responsables de lo que dejarán a las generaciones futuras, están más motivados y preparados para cambiar lo que sea necesario en ese legado, y se implican más en iniciativas solidarias.

SER SOLIDARIO NO ES LA MEJOR FORMA DE HACER FELICES A LOS DEMÁS. ES LA MEJOR FORMA DE SER FELIZ.

La solidaridad nos hace más felices, desde el altruismo. Aunque uno a nivel individual piense que está haciendo poca cosa, está contribuyendo al bienestar de las personas y eso es algo que se distribuye y acaba construyendo una sociedad más solidaria y, por tanto, más feliz.

"El altruismo es a la vez innato y aprendido. Nacemos empáticos, con la capacidad de ponernos en la piel de los demás y de sufrir y disfrutar con ellos y podemos aprender a potenciar esta capacidad o, al contrario, a ahogarla. Los modelos sociales que muestran comportamientos altruistas ayudan mucho a la sociedad" Elsa Punset.

La solidaridad es la base de una sociedad próspera y humana, el lienzo en el que pintan la amistad y el amor sus mejores cuadros y, en definitiva, la razón por la que nos levantamos cada mañana pensando que todavía podemos cambiar el mundo y convertirlo en un lugar más bello.

En el mundo actual, en el que "dar" parece ser sinónimo de "recibir", ya no se contemplan las ideas altruistas como parte del día a día. Sin embargo, las posibilidades son infinitas: se puede ser solidario en el ámbito familiar, en el trabajo o en tu comunidad, ser solidario también significa transmitir valores positivos a las personas que te rodean y participar de su felicidad. ¿Qué solidaridad practicas tú?

// cultura colaborativa

MANUAL DE DISEÑO SOCIAL*

QUIEN?/WHO?	PRESENTE/NOW	FUTURO/TOMORROW
...Yo/I	Diseño Social	Diseñaré Social
+ Tú/You	Diseñas Social	Diseñarás Social
+ El/Ella/He/She	Diseño Social	Diseñará Social
+ Nosotros/We	Diseñamos Social	Diseñaremos Social
+ Vosotros/You	Diseñáis Social	Diseñaréis Social
+ Ellos/Ellas/They	Diseñan Social	Diseñarán Social

*ES POR ESO QUE FUNCIONA

IT'S WHY IT WORKS!

NATIVEL CASSANDRE

EL DISEÑO Y LA COMUNICACIÓN YA NO SON LOS QUE CONOCÍAMOS. LA CULTURA QUIERE SER LIBRE. Y, NOS DEMOS CUENTA O NO, LA CULTURA LA PRODUCIMOS EN RED, LA PRODUCIMOS SOCIALMENTE.

"LO IMPOSIBLE, SOLO TARDA UN POCO MÁS"

Reflexión aportada
por Beatriz Comesaña

Carmen Castro | @SinGENEROdDUDAS

«Cuanto más compartimos, más se amplían nuestras oportunidades de acceso y mayor es nuestra libertad.»

Las ideas crecen y el conocimiento se multiplica exponencialmente cuando lo compartimos. El gusto por colaborar, cuidar y compartir refuerza la interrelación entre las personas, las necesidades y la búsqueda de alternativas para satisfacerlas. Es 'la telaraña de la vida' a la que se refiere Vandana Shiva; y es también lo que más puede contribuir a mitigar la visión catastrofista que desde la economía ortodoxa se realiza sobre todo lo que no huela a modo de producción capitalista.

El «poner en común» al que se refería la Nobel de Economía Elinor Ostrom, integra un enfoque altamente democratizador de la vida a través de los principios de **soberanía, transparencia, equidad, acceso universal, diversidad y confianza.**

Es tiempo de cambios. La **producción entre iguales** comienza a surgir de iniciativas personales concretas, que llevan impregnadas un elevado sentido de reciprocidad, innovación e igualdad en las condiciones y oportunidades que genera. Y lo más importante es que puede provocar una transformación real de las condiciones de vida, desde la equivalencia humana, es decir, la simetría en el valor entre todas las personas, mujeres y hombres.

// educar vs. domesticar

Captura de pantalla del documental *La educación prohibida*

El sistema educativo actual está basado en la Revolución Industrial, donde los trabajadores tenían que especializarse en un trabajo mecánico y, para ello, debían repetirlo una vez tras otra hasta memorizarlo.

En estos últimos 50 años las esferas económica, cultural y personal han dado un vuelco en el mundo entero. Sin embargo, los sistemas educativos no han variado apenas sus programas y sus objetivos.

La enseñanza tradicional aupaba al profesor en un pedestal. El profesor no estaba a la altura de los alumnos, estaba a un nivel superior. Estaba en una posición en la que todos pueden mirarlo y escuchar atentamente sus enseñanzas. Mientras tanto, los alumnos entre sí se miran el cogote. Las intervenciones son profesor-alumno, alumno-profesor. A los alumnos no debía interesarles, en principio, lo que le pudiera decir el compañero.

// **educación** alternativa

Desde su origen, la institución escolar ha estado caracterizada por estructuras y prácticas que hoy se consideran mayormente obsoletas y anacrónicas.

Su principal carencia se encuentra en un diseño que no considera la naturaleza del aprendizaje, la libertad de elección o la importancia que tienen el amor y los vínculos humanos en el desarrollo individual y colectivo.

La mayor parte de nuestros sistemas educativos están desfasados porque son anacrónicos. Se crearon en el pasado, en una época distinta, para responder a retos diferentes. Con el tiempo se han vuelto cada vez más limitados.

En todas partes del mundo hay intentos de reformar la educación y uno de los grandes retos es elevar los estándares, pero esto no sirve de nada si los mismos no son válidos o son incorrectos. Por ejemplo, en la mayoría de sistemas se insiste mucho en elevar los estándares de matemáticas y de lengua, que por supuesto son muy importantes, pero no son lo único que cuenta en la educación.

Las disciplinas artísticas cuentan, las humanidades cuentan, la educación física también... Si nos planteamos cuál es el propósito de la educación, los políticos a menudo hablan de volver a lo esencial, a lo básico, pero primero tenemos que ponernos de acuerdo sobre qué es lo esencial.

Capturas de pantalla del documental
La educación prohibida

«SOLO LOS NIÑOS SABEN LO QUE BUSCAN...» ANTOIGNE SAINT EXUPÉRY

// aprender juntos

Nunca había sido tan marcado el abismo entre dos generaciones. Mientras los niños de hoy hacen sus deberes con ayuda de Internet y crecen sumergidos en las redes sociales, los adultos y profesores siguen aplicando una educación tradicional, basada en formas de vida de hace dos siglos, sometida a la presión de los resultados académicos y a las agendas políticas.

Ahora sabemos que, en el mundo globalizado en el que vivimos, los niños, al igual que las empresas y los gobiernos, necesitan completar por lo menos cinco enseñanzas esenciales:

1. FOCALIZAR

Saber focalizar la atención y aprender a concentrarse es el primer requisito indispensable. A esto debe sumarse la lucha ante la creciente tendencia hacia la «procrastinación».

> «CON MIS MAESTROS HE APRENDIDO MUCHO; CON MIS AMIGOS, MÁS; CON MIS ALUMNOS TODAVÍA MÁS» PROVERBIO HINDÚ

2. INTELIGENCIA EMOCIONAL

La gestión de las emociones tanto positivas como negativas (por ejemplo: la felicidad, el odio, la diversidad ideológica, el desprecio y la falta de empatía).

3. NEGOCIACIÓN Y COOPERACIÓN

La resolución de conflictos es la tercera pauta de un nuevo conocimiento indispensable. Si en el pasado las palabras claves era «competitividad» y «competencia», las nuevas claves serán «cooperación» y «sinergia».

> "LA INFANCIA TIENE SUS PROPIAS MANERAS DE VER, PENSAR Y SENTIR; NADA HAY MÁS INSENSATO QUE PRETENDER SUSTITUIRLAS POR LAS NUESTRAS" JEAN JAQUES ROSSEAU

4. REDES SOCIALES

Debemos ser conscientes del impacto universal e inmediato de las redes sociales y la intelgencia colectiva, su influencia en nuestro modo de comunicarnos y relacionarnos.

5. CREER EN UN MUNDO MEJOR

El optimismo es clave para la creatividad y el desarrollo frente a los mensajes negativos que imperan y el bombardeo de información negativa que recibirán de los medios de comuniación. Están disminuyendo los índices de violencia a nivel mundial y aumentando los de compasión y altruismo. Nos lo enseña la ciencia tanto como la experiencia de los últimos años, en contra de lo que siguen opinando muchos sectores mediáticos e intentan hacernos ver los políticos.

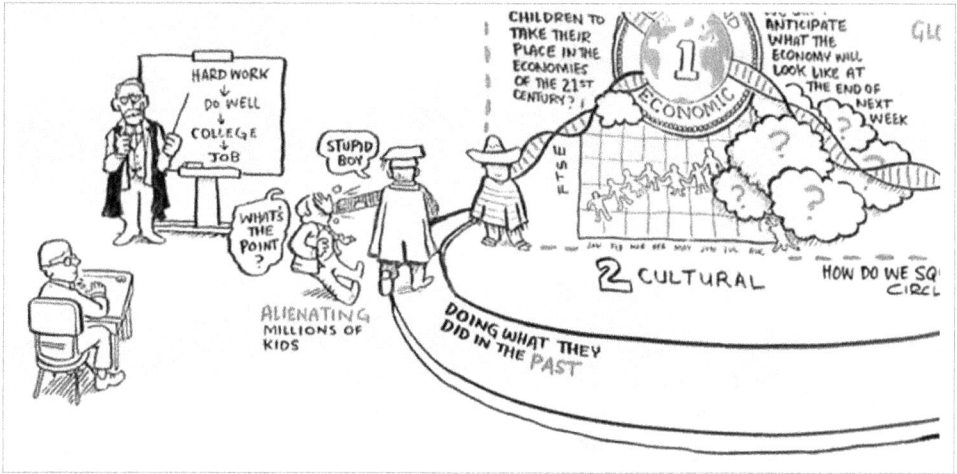

«Be Big Or Come With Me» | Mª Gracia González Peña

El sistema educativo actual está basado en la Revolución Industrial, donde los trabajadores tenían que especializarse en un trabajo mecánico, y para ello debían repetirlo una vez tras otra hasta memorizarlo. En estos últimos años las esferas económica, cultural y personal han dado un vuelco en el mundo entero. Sin embargo, los sistemas educativos no han variado apenas sus programas y sus objetivos.

- ¿Hacia dónde ha de evolucionar nuestro sistema educativo para formar a ciudadanos capaces de afrontar los retos del presente?
- ¿Por qué los niños llegan al mundo adulto sin tener idea de sus propios talentos y capacidades?
- ¿Hemos preparado a los profesores y docentes para acompañar al niño hasta su adolescencia con una educación que englobe emociones e inteligencia social?

«Hay 3 tipos de personas en el mundo: los inamovibles, los movibles y los que se mueven» Estas son palabras de Benjamin Franklin, recitadas por Ken Robinson en enero del presente año, al finalizar su exposición dada en uno de los eventos organizados por RSA, donde desarrolla algunas de las ideas que luego profundizaría en su charla de mayo en TED «Bring on the Learning Revolution». Learning Cognitive «tradujo» en un formato de animación Scribing, las principales ideas de la charla en RSA.
Fuente: Changing Paradigms
www.thersa.org/events/vision/archive/sir-ken-robinson

Born to Learn es el primero de una serie de animación que tiene el objetivo de proveer el acceso a los nuevos descubrimientos realizados sobre cómo aprendemos los seres humanos. http://www.youtube.com/user/iwasborntolearn

// the story of stuff

Frente a alternativas como el consumo colaborativo, la tendencia actual nos lleva a consolidar la sociedad de propietarios, el hiperconsumo y el diseño destinado a crear y tirar. Una buena y breve explicación de todo lo que conlleva el actual planteamiento de hiperconsumo la ofrece el proyecto Story of Stuff.

Story of Bottled Water

Annie Leonard es la creadora del vídeo *The Story of Stuff,* un documental online visto por más de doce mil millones de personas en todo el mundo. También es la autora de este libro, que rastrea la vida de las cosas que usamos todos los días: de dónde vienen nuestras camisetas, nuestros electrodomésticos o teléfonos móviles o nuestros envases; cómo se producen, se distribuyen, se consumen y dónde van cuando las tiramos a la basura.

Story of Cosmetics

El documental y el libro invitan a un despertar de la conciencia pero con la peculiaridad de centrarse en el proceso y la evolución de la creación de las cosas. No solo apunta sus dardos a las grandes corporaciones, también a nuestra obsesión por las compras, las que derivan en un círculo vicioso propiciado por quienes les interesa vender y sustentado por los que les interesa comprar.

Story of Broke

En un lenguaje sencillo, la autora explica todas las aristas del problema de una economía que se basa en el consumo. La autora sostiene que «un mundo hambriento es un mundo peligroso». A los grandes consumidores –que la autora llama poseedores en contraposición a los desposeídos– se les nubla la capacidad de razón a causa del confort, «nos resulta difícil imaginar la carencia».

La historia de las cosas es un libro amargo pero necesario: se lee con pena porque nos advierte de la compulsión humana por la autodestrucción pero con la esperanza del cambio a través del primer paso imprescindible: entender el cómo funcionan y como se crearon algunas cosas.

THE STORY OF STUFF

HOW OUR OBSESSION WITH STUFF
IS TRASHING THE PLANET,
OUR COMMUNITIES, AND OUR HEALTH
—AND A VISION FOR CHANGE

Annie Leonard
Host of the Internet film sensation
The Story of Stuff

THE STORY OF STUFF | LA HISTORIA DE LAS COSAS
El documental, puesto en línea el 4 de diciembre de 2007, está escrito y narrado
por Annie Leonard, y patrocinado por la Tides Foundation y la Funders Workgroup
for Sustainable Production and Consumption, con Free Range Studios para producir
el film. La autora ha escrito también un libro donde se explaya sobre los mismos
temas sin las limitaciones de un documental de 20 minutos.
http://www.storyofstuff.com/

// objetivos de la educación

Captura de pantalla del documental *La educación prohibida*

La educación, desde la guardería hasta la formación de adultos, debería cumplir con tres objetivos básicos:

OBJETIVO ECONÓMICO

Es innegable que una de las grandes expectativas que tenemos sobre la educación es que, si alguien tiene estudios, estará en mejor posición para conseguir un trabajo y la economía se beneficiará. Por eso invertimos tanto dinero en la educación. El problema es que las economías del mundo han cambiado diametralmente en los últimos 50 años.

El mundo cada vez está más dominado por los sistemas de información, estamos inmersos en una economía de servicios y la industria se ha trasladado. Económicamente, el mundo de ahora no tiene nada que ver con el mundo en el que tú y yo crecimos y para el que supuestamente nos educaron.

OBJETIVO CULTURAL

El segundo gran reto es de índole cultural: una de las cosas que esperamos de la educación es que ayude a las personas a comprender el mundo que les rodea y a desarrollar un sentimiento de identidad cultural, una idea sobre su lugar en el mundo.

En España y otros países no hay duda de que esa expectativa está presente en el sistema de enseñanza: se pretende ayudar a los alumnos a conocer mejor la cultura de su país. El problema es que el mundo también se ha transformado culturalmente en los últimos 50 años y es importante que conozcan de dónde vienen pero también qué está sucediendo ahora.

OBJETIVO PERSONAL

El tercer gran objetivo de la educación es personal: lo saben los que tienen hijos pero también cualquiera que esté vivo: una de las cosas que esperamos de la educación es que nos ayude a convertirnos en la mejor versión de nosotros mismos; que nos ayude a descubrir nuestros talentos, nuestras destrezas.

Creemos que la educación ha fracasado estrepitosamente en ese sentido, puesto que muchos acaban sus estudios sin descubrir lo que se les da bien, sin averiguar jamás sus talentos. Aquello que Ken Robinson llamaba «su medio». Y esto sucede porque, en el fondo, tenemos una visión de las aptitudes muy limitada.

// educar ciudadanos
en lugar de trabajadores

La mayoría de países no instauraron un sistema de educación pública obligatoria hasta mediados del siglo XIX. Se trataba de ideas bastante nuevas.

Dos factores influyeron mucho en la educación: el primero fue la economía industrial, que provocó una cultura organizativa de la educación extremadamente lineal, centrada en los estándares y la conformidad. El otro gran factor de influencia, en nuestra opinión, fue la cultura intelectual de la Ilustración, que desembocó en la cultura académica de la educación.

Una de las características de la enseñanza es que hay una jerarquía de asignaturas en las escuelas. En la mayoría de los sistemas tenemos, arriba de todo de la jerarquía, la lengua, las matemáticas y las ciencias; un poquito más abajo están las humanidades, como la geografía y los estudios sociales o la filosofía; y debajo de todo están las disciplinas artísticas.

No conocemos ningún sistema educativo que enseñe danza con el mismo rigor y sofisticación con el que se enseñan matemáticas.

Se educa para «ganar dinero» en vez de para ser felices o para desarrollar las capacidades humanas... o al menos es lo que nos hacen creer. Porque tampoco nos educan para que ganemos dinero. Nos educan para que el sistema económico siga ganando dinero con nosotros.

La Ilustración y la revolución científica crearon un modelo de inteligencia y conocimiento que ha imperado en nuestra cultura. Desde entonces, el arte se ha asociado con la corriente del romanticismo, con la expresión de sentimientos y habilidades sociales. Queremos crear trabajadores competitivos pero no desarrollamos en ellos la capacidad de adaptación a nuevos contextos, la innovación o el emprendimiento y basamos sus niveles de competencia en las capacidades de aceptación de lo establecido y memorización de lo que se les dice.

El mundo actual cambia tan rápido que estamos preparando a nuestros alumnos para un mundo que ya no existirá cuando sean adultos porque seguramente, los cambios sociales vayan más rápido que los cambios en los planes educativos.

«Nuestro problema para la comprensión de la escolarización obligatoria tiene su origen en un hecho inoportuno: el de que el daño que hace desde una perspectiva humana es un bien desde una perspectiva del sistema.»
John Taylor Gatto

«LOS EDUCADORES DEBEN CUESTIONARSE PARA QUIÉN Y A FAVOR DE QUIÉNES EDUCAN.»
PAULO FREIRE

//el reto educativo

«ENSEÑAR NO ES TRANSFERIR CONOCIMIENTO, SINO CREAR LAS POSIBILIDADES PARA SU PROPIA PRODUCCIÓN O CONSTRUCCIÓN»
PAULO FREIRE

¿HACIA DÓNDE HA DE EVOLUCIONAR NUESTRO SISTEMA EDUCATIVO PARA FORMAR A CIUDADANOS CAPACES DE AFRONTAR LOS RETOS DEL PRESENTE?

¿POR QUÉ LOS NIÑOS LLEGAN AL MUNDO ADULTO SIN TENER IDEA DE SUS PROPIOS TALENTOS Y CAPACIDADES?

¿HEMOS PREPARADO A LOS PROFESORES Y DOCENTES PARA ACOMPAÑAR AL NIÑO HASTA SU ADOLESCENCIA CON UNA EDUCACIÓN QUE ENGLOBE EMOCIONES E INTELIGENCIA SOCIAL?

paulo freire
pedagogía
de la autonomía
saberes necesarios
para la práctica educativa

siglo veintiuno
editores

Paulo Reglus Neves Freire fue un educador brasileño y un influyente teórico de la educación. Esta cita y comentarios han sido extraídos del segundo capítulo de su libro titulado *Pedagogía de la autonomía. Saberes necesarios para la práctica educativa.*

«Saber que enseñar no es transferir conocimiento, sino crear las posibilidades para su propiaproducción o construcción», esta es la idea esencial que nos propone Paulo Freire, en oposición a la memorización mecánica y a un papel distante entre el profesor y sus alumnos.

En este libro, el autor enfatiza la importancia de llevar a la práctica cotidianamente este principio para mejorar la educación, pues su simple conocimiento o repetición no son suficientes para que se cumpla. Paulo Freire señala varios puntos que guían la práctica de este principio, y aquí se incluyen algunos de los más importantes:

01.
SER INACABADO

El inacabamiento del ser o su in-conclusión es propio de la expe-riencia vital. Donde hay vida, hay inacabamiento.

En el sector de la industria, innovar supone mejorar continuamente los productos con respecto a sus versiones anteriores. En este pro-ceso gradual, a veces surge una innovación radical que rompe con el paradigma anterior. Se trata de una innovación disruptiva, algo que también obliga a la educa-ción a cambiar sus esquemas y a adaptarse.

El proceso de aprendizaje inicia aquí. Aceptar genuinamente que desconocemos un dato específico, o toda un área de conocimiento, es el principio que nos impulsa a buscar aquello que complete nuestro saber y, en última instancia, que nos ayude a completarnos en el sentido que nosotros deseemos:

«Sé que mi paso por el mundo no es algo predeterminado, preesta-blecido. Que mi 'destino' no es un dato sino algo que necesita ser hecho y de cuya responsabilidad no puedo escapar».

De esta manera, el inacabamiento es la llave que conduce al acto de tomar conciencia; primero, de aquello que nos falta o aquello que necesitamos. El siguiente paso es buscar y alcanzar los medios para conseguirlo. Esto nos ayuda a tomar conciencia de que somos un proceso y nos impulsa, en lugar de frenarnos, a continuar nuestra búsqueda.

02.
ESPERANZA Y ALEGRÍA

A la profundidad de todo lo se-ñalado hasta ahora, Paulo Freire añade la alegría como un elemento importante que facilita el ambiente del aprendizaje (tanto de alumnos como del profesor):

Hay una relación entre la alegría necesaria para la actividad educa-tiva y la esperanza. La esperanza de que profesor y alumnos podemos juntos aprender, enseñar, inquietar-nos, producir y juntos igualmente resistir a los obstáculos que se oponen a nuestra alegría. En ver-dad, desde el punto de vista de la naturaleza humana, la esperanza no es algo que se yuxtaponga a ella. La esperanza forma parte de la naturaleza humana.

«Donde hay educación no hay dis-tinción de clases»
Confucio (551 AC-478 AC)
Filósofo chino.

Esta esperanza se basa en la certeza de que el futuro personal no está determinado. Cada hombre y mujer que, conciente de su inacabamiento, toma un papel activo en su cons-trucción, tiene al mismo tiempo su futuro en sus manos, y es ahí donde vive y crece la esperanza de que podemos hacer del mundo un lugar mejor.

Todos poseemos un talento, to-dos tenemos la capacidad de ser creativos; y la mayoría vivimos sin saberlo, convencidos muchas veces de que el creativo es aquel que sabe componer melodías, o escribir una poesía.

03.
CURIOSIDAD CREATIVA

Paulo Freire sostiene que la curio-sidad es la piedra fundamental del ser humano. Aquella que genera en el ser humano el movimiento hacia el conocimiento de los objetos fuera de él y a su conocimiento de sí mismo.

El buen clima pedagógico-demo-crático es aquel en el que el edu-cando va aprendiendo, a costa de su propia práctica, que su curiosidad como su libertad debe estar sujeta a límites, pero en ejercicio permanen-te. Límites asumidos éticamente por él. Mi curiosidad no tiene derecho de invadir la privacidad del otro y exponerla a los demás.

Ejercer mi curiosidad de manera correcta es un derecho que tengo como persona y al que corresponde el deber de luchar por él, el derecho a la curiosidad. Con la curiosidad domesticada puedo alcanzar la memorización mecánica del perfil de este o de aquel objeto, pero no el aprendizaje real.

Una vez satisfecha una curiosidad, la capacidad que tengo de inquie-tarme por nuevos retos continúa. No habría existencia humana sin nuestra apertura de nuestro ser al mundo, sin la transitividad de nuestra conciencia.

El autor finalmente enfatiza la im-portancia de la curiosidad al buscar que esta sea parte viva e inherente de nuestra cotidianeidad: «Uno de los saberes fundamentales para mi práctica educativo-crítica es el que me advierte de la necesaria promo-ción de la curiosidad espontánea a curiosidad epistemológica».

// Pliegues morales que no nos habíamos parado a cuestionar

Como la primera vez que pruebas un sabor o sientes un dolor

A ntes de iniciar nuestro viaje a India nos advirtieron: "No intentes comprenderla, simplemente vívela". No resultó demasiado difícil, ¿acaso comprendemos la sociedad que hemos construido en occidente? Os dejamos un breve borrador de algunas de las desordenadas reflexiones que nos ha despertado este viaje.

Lo primero para viajar a la India es olvidar todo lo que la gente te ha contado o has leído. Solo tú mismo puedes averiguar qué es para ti. Y todas las respuestas son válidas. A India no se viaja a conocer, se viaja a cuestionar lo aprendido. A cuestionarte. Quien llegado a este punto se sienta incómodo, temeroso, mejor que se dé la vuelta y elija otro destino. India es un viaje perturbador, agitador de conciencias aletargadas.

Muchos occidentales viajamos a India en busca de claves para entender cuestiones que tienen que ver con el sentido de la existencia. Confiamos en que pueden hallarse en algunos lugares de este antiguo subcontinente, esos conocimientos que hemos despreciado. Aquellos que nuestra cultura ha prescindido de enseñarnos.

Pero lo que aprendes, si algo aprendes, es que las respuestas están dentro de uno mismo si tiene la paciencia de observar. Sólo se desvelan ante ti justo cuando el "yo" desaparece. Perderse es el punto de partida. Es la clave. Y es a lo único a lo que puede ayudarte India.

La globalización, el mercado, lo material... lo ha eclipsado, lo ha contaminado todo. La globalización ha reducido los elementos culturales a folklore para convertirlos en productos porque los productos se pueden vender. Toda la sabiduría de Oriente, su sentido de la espiritualidad, sus ritos, sus creencias, se han convertido en folklore, en espectáculo para turistas.

¿Pero acaso nuestra propia cultura no se ha convertido también en un producto?

No todo ha sido profanado. Por eso es importante adentrarse en aquellos territorios más allá de lo que nos ofrecen las guías. Hace falta demorarse en la contemplación y dejarse seducir por su legado, experimentar sus emociones y leer a sus autores.

El turista normalmente no viaja, tan sólo se "traslada" de un lugar a otro, sin experiencia de cambio. Estamos acostumbrados a viajar sin exponernos, sin ofrecernos al embate de lo distinto. Viajamos simplemente para comprobar con nuestros propios ojos, para fotografiar con nuestras propias cámaras, lo que ya vieron nuestros ojos en libros y documentales. Viajamos por fuera. Obviamos por dentro.

Al regresar del viaje, en los días siguientes, es cuando tomamos conciencia del alcance de lo recibido. Y nada tenía que ver con lo esperado, visitado o fotografiado.

"¿Cuánto de lo que hacemos lo hacemos por hacerlo y cuánto para contarlo? ¿Qué de nuestra vida está vivido y qué está fotografiado y empaquetado para vivirlo después, cuando pueda ser comunicado? ¿Cuánto de auténtico viaje hay en nuestra vida y cuánto de turismo?", se pregunta acertadamente la escritora Chantal Maillard.

Al mirar las fotografías que realizamos durante el viaje (y que acompañan al texto de este pot) parecen tan sólo una burda reproducción de una experiencia que no ha sido captada. Que no podrá ser revivida a través de ellas.

Es cierto que las ideologías han pervertido el camino espiritual. Las religiones han confundido la necesidad de sentido y de conocimiento interior con la necesidad de paliar el desamparo. Pero poco tiene que ver el deseo de conocimiento con el miedo, más bien todo lo contrario.

Las teologías se inventaron para aplacar el miedo. Pero el que quiere conocerse ha de saber saltar más allá. Saltar fuera de lo aprendido, fuera de los caminos trazados, fuera de lo aceptado. Si India sigue siendo un referente es porque sus métodos de enseñanza espiritual no alimentaban ninguna creencia, sino que, por el contrario, enseñaban a salirnos de ellas.

Si algo nos enseña la cultura india es que hay maneras de mirar hacia dentro. De calmar la mente para así, averiguar en qué consiste su naturaleza. Esta es la gran enseñanza del hinduismo y del budismo, y aún es posible aprender de ello.

Si bien todos los viajes que nos cautivan son una aventura y un descubrimiento, hay algunos donde esa idea se materializa de tal modo que, realmente, se convierten en un pasaje de ida hacia reflexiones nunca exploradas; pliegues morales que no te habías parado a cuestionar. Como la primera vez que pruebas un sabor o sientes un dolor. Es un despertar emocional y moral.

Cuando todos los principios de organización social son cuestionados, India te enseña que quizás, aquellas cosas que criticas de su sociedad, deberías empezar a cuestionártelas en la tuya.

Hubo un tiempo en el que la noción de frontera iba inevitablemente unida a la de horizonte. Cualquier viajero puede percibir la poesía de contrastes, la permanente revelación, el prodigio que emerge de sus ritos, independientemente del gusto de cada cual por las filosofías orientales; pero somos aquellos con más hambre, con necesidad de alzarnos más allá, los que realmente podremos traspasar las fronteras interiores que habitamos. Los que permitamos que India nos saque de nuestro refugio.

Conscientes de haber sentido esos espacios ambiguos en los que las sensaciones exteriores se engarzan con las más íntimas, en los que cada rincón encuentra un trocito de alma como aliado, descubrimos que India deja al intruso, un poco desorientado a su llegada y completamente entregado en su partida.

"Las piras arden muy cerca del agua. Los hombres miran. No esperan. Nadie espera. Nada ni nadie aquí espera nunca. Simplemente se está. El muerto consumiéndose en su lecho de brasas, los hombres de pie sobre el barro (…) Retiran los troncos ennegrecidos que servirán, tal vez, para otro fuego. Nada se pierde. Lo vivo nace de lo muerto". Chantal Maillard

India es un lugar que te proporciona distancia y enfoque; diferentes puntos de partida para trazar caminos hacia tu interior. El peligro de la mente occidental, que lo interpreta todo, impide ser en el presente, en lo inmediato. No hay verdad más inclusiva que la conciencia del instante, del latir de lo cotidiano.se bañan los pies de los muertos y se esparcen sus cenizas…

La conciencia de lo sagrado es ante todo reconocimiento de los seres; la conciencia de lo sagrado es respetuosa atención, aprendizaje no tanto de lo otro como de lo común, lo que a todos nos pertenece.

Hay una diferencia fundamental entre la pertenencia y la posesión. Pertenecer va asociado a compartir; poseer, a excluir. Y los espacios sagrados no se poseen, se comparten.

"Los lugares nos quitan y nos dan su fuerza, pero cuando alguien logra vislumbrar su propio centro se convierte en lugar para sí mismo y para otros". Chantal Maillard

India nos anima a volver la vista hacia esas economías de subsistencia, hacia esas sociedades ágrafas, economías circulares capaces de respetar los ciclos de la naturaleza, el ecosistema del que se sienten parte y al que no osan degradar ni romper porque forman parte de su divinidad y su vida espiritual.

La vida es algo más y mejor que aquello en lo que la hemos convertido en las ciudades del mercado global. Merece la pena realizar este viaje que requiere tiempo y un espíritu en calma. Hace falta calma para apreciar en toda su magnitud la lucidez de las reflexiones y las inflexiones. Hace falta calma para acercarse a unos valores que te hace repensar los propios.

A pesar del sabor a pasado, tanto Oriente como en Occidente comparten el deterioro de una cultura ancestral, la pérdida de su esencia al entrar en contacto con los valores "del mercado". El mercado necesita esclavos, consumidores y productores, e India ofrece las tres cosas y en abundancia.

Más allá de la espiritualidad, está el dolor. Disfrutar India implica ser cómplice de la aceptación, de la frustración, del dolor de tantos ante un presente aún esclavizador, usurpador de derechos. Hay una India que se beneficia del contacto con Occidente y otra India que se ha visto empobrecida, silenciada, eliminada o neutralizada. La desigualdad entre los pobres y los ricos aumenta y casi como en cualquier lugar del mundo se produce el aban-

dono y la evacuación de las poblaciones rurales empujadas hacia los cinturones de miseria de las grandes ciudades.

Como en cada país que conquistamos con nuestros "derechos", las empresas occidentales han impuesto sus intereses a costa de expoliar los recursos y perjudicar, contra toda ética y usando su metodología habitual, a la población india. Determinadas compañías usurpan terrenos y recursos a las poblaciones tribales y son capaces de comprar a dirigentes, a jueces, a medios de comunicación y hasta a algunas ONGs y agencias de ayuda humanitaria.

India es otra mal llamada democracia donde los privilegiados, de los que se nutren las clases políticas y empresariales que viven el estilo de vida occidental, se imponen sobre casi mil millones de ciudadanos marginales.

La globalización nos hermana en la pérdida de los derechos, en la miseria, en la perplejidad ante la deriva catastrófica de intereses mercantiles.

La corrupción del gobierno indio nos recuerda nuestra propia corrupción. Las sagradas democracias se han convertido en un eufemismo de las políticas económicas neoliberales que no entienden de culturas ni fronteras.

La sociedad de mercado tiene en sus manos una herramienta de neutralización o alienación a través de los medios de comunicación, sobre los cuales, cae el peso de análisis y creación de círculos de opinión.

¿Hasta qué punto nos manipulan quienes nos hablan de India como una economía emergente? ¿Por qué inevitablemente transformamos, en nuestros discursos de "progreso", a las personas en economías?

No creo que seamos un ejemplo a imitar ni mucho menos recomendar. Otro tipo de vida es posible. Otro tipo de vida en la que el bienestar y la felicidad está en otra parte. En algún lugar que Occidente aún no ha encontrado. Quizás en todas aquellas que Arundhati Roy llamaba "pequeñas cosas" y que quizás, podremos hallar, intuir, sentir... mientras nuestros pies recorren nuestros propios paisajes internos.

India ha sido sólo el principio de un viaje hacia dentro. Hacia un lugar único pero inevitablemente vinculado a lo común.

Seguiremos escribiendo sobre él.

// **economía** cultural

Los cantos de sirena de la economización y mercantilización de la cultura nos han arrastrado por un mal camino que con la crisis se ha convertido en un precipicio sin fondo. Y no solo hablamos de recursos económicos. En la defensa de la cultura también hemos perdido posiciones y legitimidad social. La función pública y social de la cultura parece en franca decadencia, como en realidad parece estarlo todo lo público. La cultura está a punto de dejar de ser un derecho civil más para ser principalmente una industria, un negocio, una parte más del mercado en una economía sin valor social.

Pero si asumimos este apasionante reto, más allá de lamentos y justas reclamaciones, la cuestión primordial no es hablar de industrias creativas o mecenazgo, de consumo cultural o del problema de la 'piratería'; sino que debemos imaginar, entender y dar el paso para cambiar la forma de organizarnos, de conceptualizar proyectos, de financiarlos, producirlos, distribuirlos y comunicarlos.

Nuevas maneras de relacionarnos con/desde la cultura, recuperando su función de desarrollo, vertebración y transformación social. Porque el **I+D+i sociocultural** es más necesario que nunca. Porque debemos (re) pensar el sentido de la cultura. En definitiva, crear las condiciones para que la cultura no sea un mero bien de consumo, sino uno de nuestros principales bienes comunes.

No se trata de nuevos modelos de financiación como (¿nuevas?) maneras de relacionarnos. Cada vez es más importante el 'cómo': que nos comportemos de una manera abierta, desde una perspectiva P2P, más horizontal, transparente y distribuida.

Y es que no se trata tanto de pedir como de implicar. Explorar nuevas formas de generar proyectos económicamente sostenibles, alrededor de relaciones económicas más justas, hacia otra cultura económica. Pensar en gasto e inversión y no solo en subvención y donación.

Experimentar con otros modelos de propiedad, uso o participación. Desarrollar procesos de colaboración, de generación de confianza y reconocimiento para poder trabajar juntas; potenciar la cooperación entre lo público, lo privado y la sociedad civil; federar intereses, articular redes solidarias y de ayuda mutua.

Pero también, aprender a concretar, aterrizar, tangibilizar proyectos; proponer retos y soluciones desde nuestros valores; medir sus efectos cualitativos; ser más pedagógicos, inclusivos, porosos y ampliar nuestra base social, superando el elitismo de la 'clase creativa'; y saber comunicar y explicitar la rentabilidad de la inversión en cultura y sus retornos (económicos, sociales, simbólicos...) para el conjunto de la sociedad.

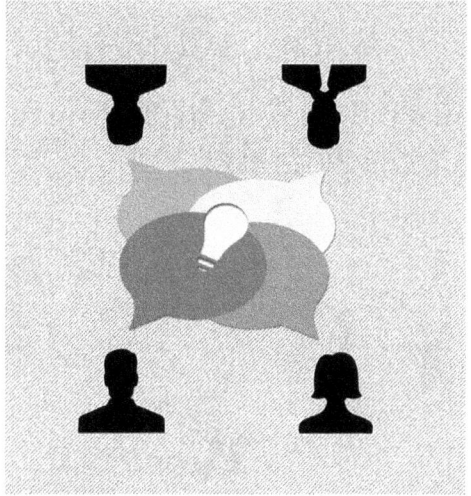

Diseño: EUSEBIO REYERO
http://eusebioreyero.com

«CREEMOS QUE FRENTE AL COLAPSO DEL CAPITALISMO, ES EL MOMENTO DE **LA CO-RESPONSABILIDAD Y LA RECIPROCIDAD,** DE REVITALIZAR LAS RELACIONES SOCIALES. QUIZÁ ASÍ SURGIRÁN LOS NECESARIOS RECURSOS (ECONÓMICOS, VITALES, MATERIALES...) CON LOS QUE HACER POSIBLES INICIATIVAS, COHERENTES EN LA FORMA Y EN EL FONDO, QUE (TAMBIÉN) DESDE LA CULTURA NOS AYUDEN A CONFIGURAR NUEVOS IMAGINARIOS Y ALTERNATIVAS PRÁCTICAS PARA UNA VIDA QUE MEREZCA LA PENA SER VIVIDA.»

@RICARDO_AMASTE

// colaborabora.org

diseñando colectivamente un i-cosistema permacultural en torno al procomún

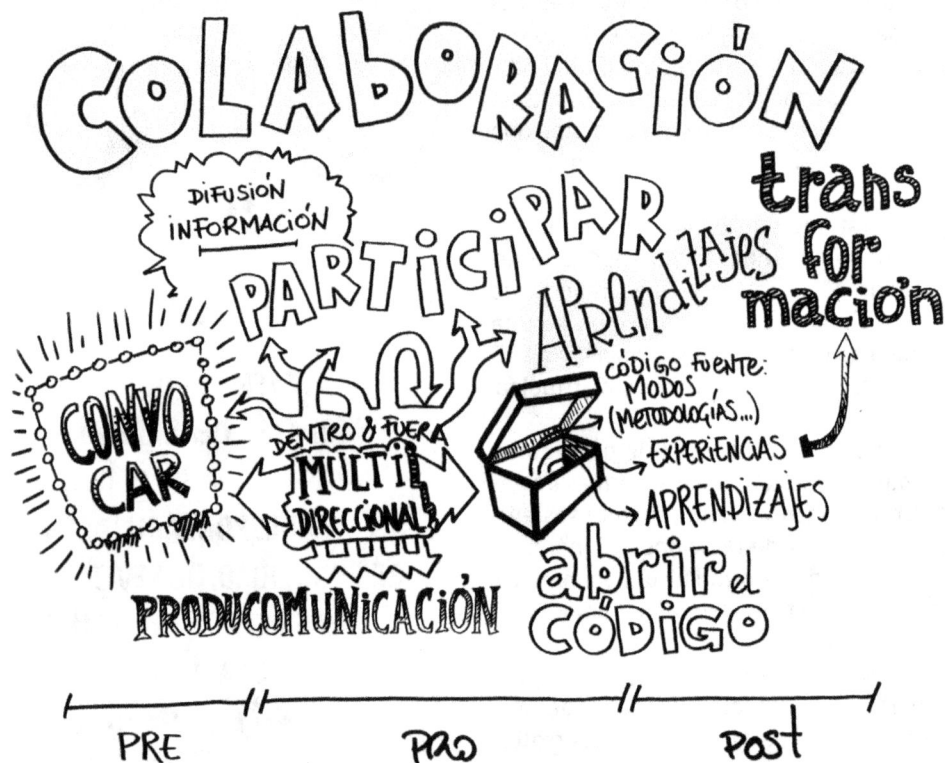

Ricardo Amaste

ColaBoraBora es una pequeña isla en transición, entre la realidad imperante y el deseo proyectado, en torno al procomún, el conocimiento libre y el código abierto. Un paraíso en proceso de exploración, poblado por una comunidad emergente, heterogénea, inclusiva y mutante, que poco a poco va diseñando su hábitat, su modelo de goberzanza y sus sistemas (re)productivos, desde lo cotidiano, lo pequeño, lo cercano y lo afectivo.

ColaBoraBora es un i-cosistema, un entorno creativo, que favorece y estimula el flujo de ideas imaginativas e innovadoras. Un espacio simbólico, de encuentro y facilitación, un marco común de referencia desde el que poder conocerse - actuar - aprender - investigar - prototipar - reflexionar - trabajar - celebrar colectivamente.

Un catalizador ecológico, que trabaja desde la emergencia de las redes distribuidas y las relaciones P2P, para fortalecer el tejido existente y hacer converger iniciativas.

GENERAR RECURSOS PARA LA COMUNIDAD

DAR RECIBIR
INTERCAMBIO

CONOCIMIENTO COMPARTIDO

HERRAMIENTAS PARA COMPARTIR
P2P

ESPACIO FACILITADOR

Respecto a los mecanismos de diseño que aplicamos, nos entendemos como un laboratorio ciudadano de reflexión en acción, donde para el desarrollo de la creatividad colectiva y la identificación de retos comunes nos apoyamos en: prácticas colaborativas, procesos de design thinking, jugar, psicología social, performatividad, tratando siempre de dar una vuelta de tuerca a los métodos respectos al contexto y los temas a tratar.

Un rasgo principal de nuestro trabajo es la reivindicación del dibujo como rudimento para la expresión, como herramienta emancipatoria, como tecnología low y slow, como proceso mental y como signo contrahegemónico para generar un imaginario instituyente autoproducido a partir de esquemas, sociogramas, jeroglíficos o mapas mentales. Y tenemos como uno de nuestros principales retos, pensarnos de manera efectiva como un sistema permacultural, cuidando que unos procesos retroalimenten otros en claves de sostenibilidad»

// cinco apuntes
sobre innovación colectiva

Amalio Rey | @arey

Los compañeros de Diseño Social me invitaron a participar en este Manual, y estoy encantado de compartir algunas lecciones que hemos aprendido de participar en iniciativas de innovación colectiva, o como lo preferimos llamar en eMOTools, en proyectos de «wikinnovación»; así que ahí van en formato abreviado algunas pistas:

Entrar al principio en demasiados detalles ayuda poco
El juego de la participación no encaja con planes quisquillosos, ni agendas predefinidas. Basta con acordar unas premisas mínimas que delimiten el «espacio colectivo de creación» y, a partir de ahí, ponerse a trabajar juntos.

Paciencia y gestión prudente de las expectativas
Las prisas hacen mucho daño a los procesos colectivos, así que modular la impaciencia es de los retos más difíciles que tienen estos proyectos. Las cosas bien hechas, las que valen la pena de verdad, llevan su tiempo.

Hay que aprender a ceder control
Ser más tolerantes con la ambigüedad que produce la gestión distribuida y los mecanismos que están basados en la construcción colectiva. Una forma de solventar esa tensión es aprendiendo a disfrutar del proceso.

Una vez que se ha decidido un objetivo, o una tarea concreta, hay que centrarse y evitar la dispersión
El net-working está bien pero hay que pasar al work-neting, a la acción, y los proyectos hay que gestionarlos, fijando unos hitos y unas contribuciones individuales. Se necesitan unos grados mínimos de coordinación para que el motor de lo colectivo carbure.

El liderazgo es importante porque en estas redes existe una tendencia a la entropía asamblearia
Si la propia dinámica participativa demuestra que hace falta un equipo gestor, un «core team» para agilizar los procesos, está bien crearlo pero que sea colegiado y rotatorio. En cualquiera de los casos, ese liderazgo debe estar basado en una meritocracia ganada con trabajo.

Para terminar, hay que partir de la premisa de que la gente es buena por naturaleza, y que ya es una noticia positiva que quieran colaborar. Así que un marco de relación constructiva necesita de una actitud abierta y flexible, que ayude a cultivar confianza entre diferentes.

Más información sobre el autor:
amaliorey.com | emotools.com

«QUIEN ATRIBUYE A LA CRISIS SUS FRACASOS Y PENURIAS VIOLENTA SU PROPIO TALENTO Y RESPETA MÁS A LOS PROBLEMAS QUE A LAS SOLUCIONES.»
ALBERT EINSTEIN

Frase aportada por Irene Rubio

Emotools es una empresa malagueña basada en una cultura humanista y social que ayuda a las empresas a afrontar el reto de la innovación.

«Me jode más la indiferencia que la ignorancia. Prefiero el nervio tenso del que se implica, que el equilibrio fácil del observador que nunca se equivoca. Una voz honesta y valiente tiene para mí un poder seductor formidable. Forjar un sentido de propósito que entienda la innovación desde una perspectiva humanista es mi meta. Eso me une a eMOTools, añade foco, y desbroza el sendero.» AMALIO REY

EL EJEMPLO DE LA ANÉCDOTA

La Anécdota es una plataforma orgánica y experimental para actuar en entornos urbanos de forma colaborativa y abierta a toda persona que quiera aportar sus ideas. Planteada en tres líneas de acción:

Debates Online sobre cuestiones relacionadas con el trabajo en entornos urbanos, buscando complicidades, diferencias y sobre todo una comunidad en la que puedan darse sinergias.

Surgen nuevas cuestiones a definir para posibilitar el desarrollo de otro tipo de trabajos diferentes de los concursos de arquitectura.

Experimentando y probando el DIWO (Do it with others) con casos prácticos.

Y apoyada en cuatro ideas:

- Exponernos a dudas, compartirlas y aprender haciendo.
- Procomún.
- Colaboración distribuida.
- Gestión y participación abierta.

colaboraenlaanecdota.
wordpress.com

// creación colectiva
participativa consensuada

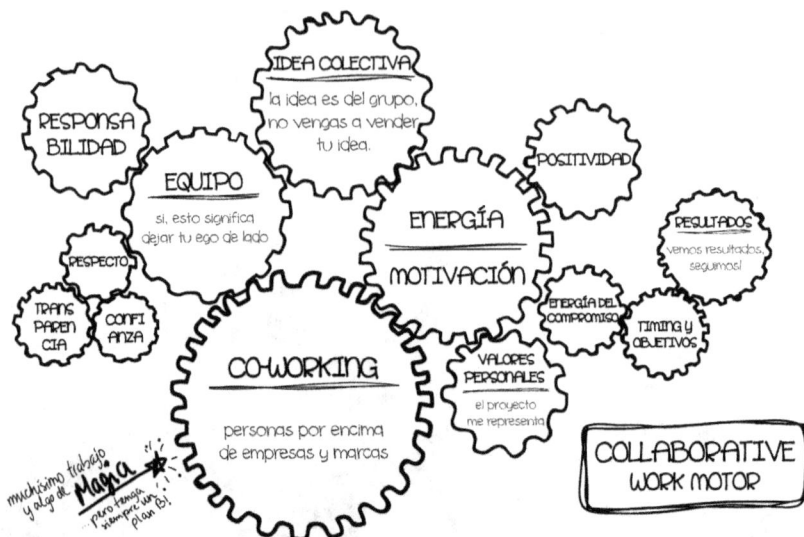

Gráfico de Hannah Bremberger &Josefina Sanchez Johannes

Nadie sabe todo, pero todos saben algo», dice Pierre Lévy para explicar la «Inteligencia colectiva» (IC). Ya hace cinco mil años los chinos la hacían proverbio: «dos cabezas piensan más que una» y, más atrás aún, el hombre primitivo la detonaba al cazar en grupo cuando aprendió que le daba mejores resultados que hacerlo individualmente. Pero internet, en el siglo xx, llegó para potenciarla como nunca antes.

Suele hacerse una analogía de las redes digitales con el sistema nervioso. Cada ser humano en red es como una neurona que al conectarse con otra crean sinapsis y comunidades que tienden a generar procesos de inteligencia colectiva. La comunidad Linux, Google o Wikipedia son ejemplos de IC, así como la colaboración a distancia que desarrollan científicos, académicos o artistas que conciben internet como un «cerebro global». Sin embargo, a escala social, ese «sistema nervioso» no está funcionando bien ahí donde reina la basura, el bullying, la trata y la dispersión.

«NUESTRA MISIÓN ES HACER UN MUNDO MEJOR SINTONIZANDO LOS INTERESES DE LAS ORGANIZACIONES CON LOS DESEOS Y NECESIDADES DE LAS PERSONAS. PARA ELLOS NOS APASIONA DISEÑAR MOTORES DE TRABAJO COLABORATIVO PARA INVESTIGAR, INNOVAR Y COMUNICAR»

Luis Tamayo
@ratoncampero

// economía social

No es más rico quién más tiene sino quién menos necesita.
Reflexión aportada por Sabina Reina Pecchuria

Eduardo Garzón | @edugaresp

Las decisiones en materia económica que afectan a nuestras vidas provienen de un pequeño círculo de personas supuestamente preparadas para tales asuntos, que dicen ser imparciales y buscar el bienestar común. Pero lo que no suelen explicarnos nunca es que la Economía es una ciencia social y que por lo tanto no puede seguir las pautas de objetividad que podría seguir cualquier otra ciencia de la naturaleza (como la Física). Esto, inevitablemente, provoca que cualquier medida económica venga siempre impregnada de valoraciones personales y suela beneficiar a unos sectores a cambio de perjudicar a otros.

La persona que decide la medida también se ve afectada por la misma. Precisamente por esto, el poder para implantar medidas económicas no debería nunca ser encomendado a un pequeño grupo de personas, ya que existe el riesgo evidente de que nunca vayan a tomar decisiones que perjudiquen su propia situación (aunque estas beneficien a la mayor parte de la sociedad).

Para evitar tal riesgo, ese poder debe confiarse a la mayor cantidad de personas posible y que todas ellas participen en la discusión y elaboración de las decisiones económicas. Es decir, ese poder debe ser democrático; la autoridad económica debe ser democrática para asegurarnos una sociedad más justa.

La consecuencia más grave de este problema es el hambre: la cifra total de se ubica en torno a los 1020 millones de afectados. Una hipotética sociedad global humana mínimamente solidaria debería estar luchando desesperadamente por encontrar la solución a este problema. En los centros de investigación y formación se debería estar preparando a los futuros economistas para que pudieran -al menos- aliviar esta desgracia mundial. Y sin embargo, lo que nos encontramos en las facultades de Ciencias Económicas de todos los países es que se prepara al alumnado para que aprenda a aumentar los beneficios de una determinada empresa.

> «EL MAYOR PROBLEMA ECONÓMICO ES LA GRAN DESIGUALDAD: EL 10% MÁS RICO DE LA POBLACIÓN MUNDIAL TIENE EL 70% DE LA RIQUEZA DE NUESTRO PLANETA»

Los valores y principios que guían a nuestras sociedades son profundamente injustos e insolidarios; y mientras no los cambiemos ni un ápice seguiremos viviendo en un mundo odioso y despreciable.

// **financiación** colectiva

Se considera que uno de los pioneros del crowdfunding en la industria de la música ha sido el grupo británico de rock Marillion. En 1997, los fans estadounidenses financiaron su gira por EE.UU que costo 60 000 dólares gracias a sus donaciones y a raíz de una campaña del grupo por internet.

Pero hay casos anteriores: en 1989, ocho años antes de la gira de Marillion, en España el grupo Extremoduro ya había financiado su primer disco de este modo.

Financiación en masa (del inglés crowdfunding), también denominada financiación colectiva, microfinanciación colectiva y micromecenazgo, es la cooperación colectiva llevada a cabo por personas que realizan una red para conseguir dinero u otros recursos, se suele utilizar Internet para financiar esfuerzos e iniciativas de otras personas u organizaciones. Crowdfunding puede ser usado para muchos propósitos, desde artistas buscando apoyo de sus seguidores, campañas políticas, financiación del nacimiento de compañías o pequeños negocios.

El criterio de Crowdfunding tiene como precedentes las donaciones. Pero este término se está renovando gracias a la atención que ha recibido por parte de comerciantes y empresarios ahora que las redes sociales, las comunidades online y las tecnologías de micro pagos hacen que sea mucho más sencillo y seguro obtener las donaciones de un grupo de personas interesadas a un precio muy bajo.

RECOMPENSAS
Un emprendedor o un creativo que busca utilizar la financiación en masa, por lo general, hace uso de las pequeñas donaciones que hacen los usuarios a través de la red. Y puede plantearse entregar recompensas a los usuarios que realicen donativos: Se puede obtener algún tipo de recompensa relacionada con el proyecto que se va a realizar. La recompensa también puede estar enfocada a la promoción de la persona que realiza el donativo.

Una de las claves de la financiación colectiva es la creación de talleres que puedan explicar de forma efectiva este nuevo modelo. En la fotografía: Taller realizado por Salvador Guerrero colbrain.net | @colbrain Pueden encontrar la fuente de esta y otras fotografías de este taller en: www.flickr.com/photos/nonopp/tags/colbrain

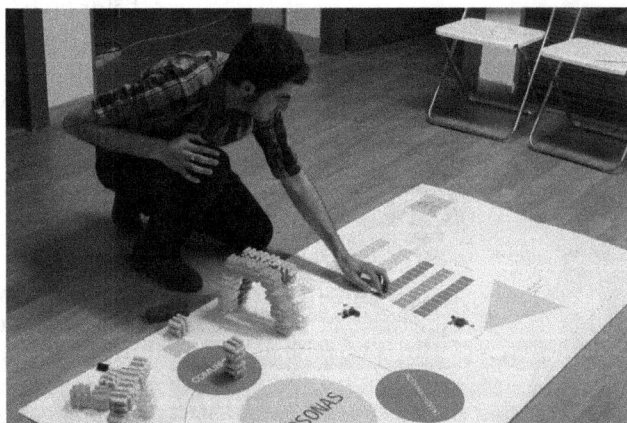

KICKSTARTER.COM

En 2009 nace esta plataforma web que centraliza diversos proyectos creativos que cualquier usuario puede apoyar a cambio de recompensas no dinerarias.

The New York Times llamó a Kickstarter «el NEA de la gente» y la revista *Time* lo nombró uno de los «Mejores Inventos de 2010» y «Mejores Sitios Web de 2011».

LANZANOS.COM

Carlos Hervás, Rafael Cabanillas e Ignacio Arriaga son los tres jóvenes de Ciudad Real creadores de la primera plataforma on-line española de financiación colectiva.

«Lanzanos» fue designada mejor iniciativa on-line 2010 por el portal de weby software «GenBeta».

VERKAMI.COM

Especilizada en creadores independientes que buscan financiación para materializar sus ideas.

Los creadores mantienen todos los derechos sobre sus obras, y ofrecen a los mecenas que les ayudan a financiar sus proyectos recompensas en forma de creaciones y productos exclusivos, experiencias únicas, ediciones limitadas, merchandising, acceso a descargas.

GOTEO.ORG

Goteo es una iniciativa gestionada por la Fundación Fuentes Abiertas. Es una red social de financiación colectiva (aportaciones monetarias) y colaboración distribuida (servicios, infraestructuras, microtareas y otros) desde la que impulsar el desarrollo autónomo de iniciativas, creativas e innovadoras, que contribuyan al desarrollo del procomún, el conocimiento libre y/o el código abierto.

Recompensas

El emprendedor o un creativo que busca utilizar la financiación en masa suele entregar recompensas a los usuarios que realicen donativos.

La recompensa también puede estar enfocada a un servicio y objeto que se obtiene al realizar el donativo a la promoción de la persona que lo realiza.

Ventajas y desventajas

Los defensores de los métodos de financiación masiva argumentan que permite a las ideas creativas que no encajan en los patrones requeridos por los financistas convencionales obtener dinero en efectivo a través del apoyo y la solidaridad de grandes grupos de personas.

Una desventaja es el requisito de divulgación del proyecto cuando aun se encuentra en fase muy tempranas y esto expone al promotor a que su idea sea copiada por otras empresas.

Algunas opiniones dicen que el crowdfunding no incluye inversiones, y solo incluye donaciones, y que estas no tienen una recompensa económica. Hay otras opiniones que dicen que el crowdfunding puede limitarse a la puesta en común de recursos con el fin de iniciar proyectos. La mayoría de las plataformas de financiación contienen un mecanismo de seguridad, ya que si el objetivo económico del proyecto no es alcanzado en el plazo requerido, las donaciones no son cobradas a los inversores. Este sistema fue bautizado por Kickstarter como pledges. Sin embargo, otras como Micropatronage utilizan un sistema en el que el público apoya directamente la labor de los demás, haciendo donaciones a través de internet. El término fue popularizado por el blogero Jason Kottke, cuando renunció a su trabajo diario como diseñador web y empezó a vivir de sus blogs que se financia a través de las donaciones de sus lectores.

//colaborar
como clave del éxito

Santi Roman i Guimaraes
www.santiroman.net

La psicología del trabajo y de las organizaciones es una ciencia aplicada perteneciente a la psicología, la cual se encarga de estudiar el comportamiento del ser humano en el mundo del trabajo y de las organizaciones, tanto a nivel individual como grupal y organizacional. Su finalidad principal se resume en dos: mejorar el rendimiento y la productividad, así como potenciar el desarrollo personal y la calidad de vida laboral de los empleados en el trabajo.

La mayor parte de las teorías giran en torno a la idea de que la mejor forma de motivar a los trabajadores pasa por incentivar su trabajo: ya sea a través de mejoras financieras (como retribuciones variables según productividad), el desarrollo de una carrera profesional atractiva, la creación de un buen clima de trabajo y la implantación de ayudas sociales o retribuciones en especie (guarderías, gimnasios y restaurantes). Pero para el profesor Adam Grant de la escuela de negocios Wharton, todas fallan si olvidamos la que, según él, es la mayor fuente de motivación para los trabajadores: la generosidad.

Adam Grant es el autor más prolífico del mundo en su especialidad. Con 31 años se ha convertido en el profesor titular más joven de Wharton y es, además, el mejor valorado por sus estudiantes. Su fama se ha extendido también al mundo de la empresa, es popular entre los directivos por atender cualquier llamada que tenga que ver con su campo de trabajo. Grant ha construido su carrera en una sorprendente propuesta: que la gente más productiva es también la más generosa y altruista. Su éxito, asegura, no tiene nada que ver con su habilidad académica, tiene que ver con hacer de la generosidad el pilar sobre el que se sustenta todo su trabajo. Algo que ha tratado de explicar en su primer libro para el gran público *Give and Take* (Viking Adult).

TAKERS, GIVERS Y MATCHERS

La cultura del esfuerzo y la meritocracia se han impuesto como factores clave en el triunfo, no solo en los negocios, también en la vida. Durante generaciones, las teorías empresariales se han centrado en explicar en qué consisten y cómo operan los condicionantes individuales del éxito: la pasión, el trabajo duro, el talento y la suerte. Todos los negocios se han organizado en función de esto. Sin embargo, la teoría de Grant parte de una óptica distinta.

En su opinión, el éxito, solo puede alcanzarse de forma colectiva, y depende principalmente de cómo interactuemos con la gente que nos rodea. Grant cree que hay tres tipos de personas en función de la forma en que interactúan profesionalmente: los takers (que toman), los matchers (que dan en función de lo que toman) y los givers (que dan).

Los takers se esfuerzan por sacar el máximo provecho al trabajo de los demás, intentando no dar nada a cambio.

Los matchers son aquellos que son generosos con la gente que es generosa con ellos. Negocian su implicación de manera uniforme.

Los givers son el perfil más raro de encontrar: las personas que ayudan a los demás sin esperar nada a cambio.

Ser un givers tiene un impacto decisivo sobre el éxito. Pese a lo que podría parecer a primera vista su trayectoria profesional suele ser más lenta, pero es mucho más sólida que la de los takers, a los que, tarde o temprano, les puede su egoísmo.

GENEROSIDAD VS. PRODUCTIVIDAD

Otro aspecto destacable del trabajo de Grant, al margen de su interesante teoría, es la manera en que la está difundiéndo, mezclando un exquisito control de los resortes promocionales con una actitud que roza lo mesiánico. El profesor protagonizó en marzo la portada del semanario del *New York Times* y se ofreció a salir retratado dando regalos a un supuesto compañero de trabajo.

En el reportaje, la periodista Susan Dominus explica cómo Grant recibe todos los días 200 correos, los contesta todos, y atiende a cualquier alumno de su escuela que le pida consejo: les ofrece su agenda de contactos, les escribe cartas de recomendación (más de 100 al año), y les asesora en cualquier cosa que esté en su mano. Su extrema generosidad le deja tiempo, no obstante, para preparar sus clases, dar conferencias y ser un a autor especialmente prolífico.

¿Cómo es posible?

Para Grant, la generosidad no es enemiga de la eficiencia, no es algo accesorio a tu verdadero trabajo, es el factor motivacional esencial que impulsa la creatividad e incrementa la productividad de los trabajadores.

// el **poder** no corrompe

EL PODER NO CORROMPE, POTENCIA LAS TENDENCIAS ÉTICAS PREEXISTENTES

Tal como explica Grant en giveand-take.com, cada vez más psicólogos creen que el poder no corrompe, sino que amplifica las virtudes y defectos de cada persona.

El poder solo corrompe a la gente, por el contrario, refuerza los buenos valores de la gente que previamente tiene fuertes convicciones morales. Un líder egoísta será aún más egoísta cuanto más poder tenga, pero un líder generoso usará su poder para ser aún más desprendido.

Debido a esto, Grant asegura que los grandes líderes, los que llevan a sus empresas a lo más alto, son siempre givers, nunca takers, e ilustra su teoría en su libro con varios ejemplos reales.

El historiador británico Lord Acton escribió en 1887 una frase que pasó a la historia: «El poder corrompe y el poder absoluto corrompe absolutamente».

Esta frase se ha tomado siempre por correcta pero no tiene valor científico. La cuestión plantea muchos interrogantes y los psicólogos han tratado en muchas ocasiones de encontrar un patrón que explique cómo el poder influye en nuestro comportamiento.

Son varios los estudios que han comprobado a posteriori que esto no es cierto. El poder corrompe, sí, pero no a todo el mundo. El poder corrompe solo a la gente predispuesta a corromperse.

El nuevo estudio de la Universidad de Toronto acaba de dar un paso más en el entendimiento de cómo el poder influye en el comportamiento de las personas. En opinión de los investigadores, liderados por la profesora de management Katherine A. DeCelles, el poder solo corrompe a la gente que, de antemano, están predispuestos a ello. Por el contrario, enfatiza los buenos valores de la gente que previamente tiene fuertes convicciones morales.

Para estos científicos el estudio arroja una conclusión muy distinta a lo que veníamos interpretando: el poder no corrompe, potencia las tendencias éticas preexistentes.

Art Streiber for *The New York Times*
http://www.nytimes.com/2013/03/31/magazine/is-giving-the-secret-to-getting-ahead.html?src=me&ref=general&_r=1&

// diseñar una nueva economía

Parece que los antiguos modelos han entrado en crisis y no funcionan, o les queda poco tiempo de vida. Estamos en el escenario perfecto para dar salida al nuevas iniciativas de innovación y emprendimiento social. Mucha gente ve este momento con pesimismo o incredulidad, pero nosotros pensamos que es una oportunidad única para empezar a creer que otra realidad sí es posible y diseñar juntos una nueva forma de hacer las cosas.

> «EN INNOVACIÓN ECONÓMICA TODO LO QUE NECESITA SER DICHO, YA SE HA DICHO. OCURRE QUE NADIE ESTABA ESCUCHANDO Y TODO DEBE DECIRSE DE NUEVO»

En un mundo en el que parecen primar los intereses individuales, también hay espacio para una nueva forma de hacer las cosas. La economía de la colaboración y el consumo colaborativo cobran fuerza y cada vez más empresas y consumidores lo tienen en cuenta. Cuando no actúas como piensas, acabas pensado como actúas. Llevamos tanto tiempo actuando como si no fuera posible el cambio, que ahora que es posible, muchos de nosotros aún tenemos dudas. Pero ha llegado y crece a cada paso: economía de la colaboración.

Compartir objetos pero también tiempo y conocimiento. Dos cabezas piensan más que una, sin embargo, el ser humano tradicionalmente ha preferido rodearse de personas de una forma de pensar semejante a la suya a la hora poner en práctica sus iniciativas: los equipos de gobierno de los países o los consejos de administración de las empresas son un claro ejemplo de ello. Sin embargo, está demostrado que la auténtica fuerza de un grupo la genera las diferencias y diversidad que hay entre sus miembros. La igualdad genera unión pero no fuerza. Genera inmovilización, no cambio.

Pero, ¿cómo podemos convertir la solidaridad en «innovación económica?

El viejo modelo de negocio tiene unas características muy rígidas y cerradas. Se aferra a una estructura jerárquica y depende exclusivamente del personal interno e homogeneizado para desarrollar la empresa.

El tipo de organizaciones que proponemos, en cambio, co-crea con todos, especialmente con sus clientes, comparte recursos que anteriormente se hallaban celosamente guardados, aprovecha el poder de la colaboración masiva y, más que como una multinacional, se comporta como una empresa realmente global.

PRINCIPIOS ECONÓMICOS

Estos son los tres principios fundamentales (inspirados en los principios de la Wikinomía), que proponemos para hacer del mundo un lugar más justo, seguro, próspero y sostenible:

- colaboración
- uso compartido de recursos
- integridad (transparencia, consideración y responsabilidad)

// wikinomics vs. la economía de casino

Para romper con ese molde apareció hace unos años un nuevo concepto que evoca algo que ya se hacía antes: la economía de la colaboración masiva, que podemos encontrar asociados a los términos ingleses *Collaborative consumption* y *wikinomics*.

Estos modelos proponen una alternativa en el que provecha las ventajas que ofrecen Internet (gracias a la Web 2.0 y sucesivas) y a los cambios sociales, culturales y económicos que se están produciendo.

Unen estas ventajas y proponen crear una nueva economía en el que el ciudadano interconectado recupere el concepto de comunidad. «Wikinomía» es una metáfora de esta nueva era de colaboración y participación basada en la confianza perdida ante el «igual a nosotros» frente a esa confianza que habíamos depositado en las grandes empresas. La Red ha dejado de ser algo pasivo, vertical, impuesto por unos pocos. Ahora todos tenemos algo que aportar, todos somos protagonistas activos y partícipes directos.

Internet no es un depósito de conocimientos, sino el pegamento que une las relaciones sociales. Esta nueva generación está trasladando este *ethos* interactivo a ámbitos de la vida cotidiana como el trabajo, la educación y el consumo. 2004 fue una fecha clave: el año en que nació la Web 2.0.

Si no conoces las historia de cómo sucedió y qué implicaciones tiene en el cambio social y cambio de mentalidad en la inteligencia

> **LA COOPERACIÓN ES LA CONVICCIÓN PLENA DE QUE NADIE PUEDE LLEGAR A LA META SI NO LLEGAN TODOS**

colectiva, puedes descargarte de forma gratuita el libro Planeta Web 2.0 y conocer las claves de esta revolución digital.

Realizando un breve resumen: Los «perdedores» de esta revolución creaban páginas web estáticas; los ganadores desarrollaron comunidades activas de usuarios y plazas públicas donde interactuar y compartir. Si la evolución continúa, las empresas monolíticas, autónomas y centradas en sí mismas, estarán también condenadas a la extinción.

«Más del 98% de las transacciones monetarias que se efectúan hoy en el mundo no corresponden a la economía real, sino a dinero ávido de beneficios a corto plazo que circula por mundos abstractos, desligados de bienes reales y de criterios éticos, sociales o ecológicos», comenta Jordi Pigem en su libro *La buena crisis*.

La inmensa mayoría de movimientos de fondos corresponden a operaciones sobre títulos, valores, opciones, warrants y demás instrumentos financieros ajenos a la economía real y cuyo importe total dista mucho del valor de la riqueza que pretenden representar. Se trata de la llamada «economía de casino», en la que los jugadores (llamados de forma eufemística «inversores») apuestan con fichas para multiplicarlas en poco tiempo y así obtener beneficios a corto plazo. El problema surge cuando los jugadores-especuladores acuden a la caja a cambiar las fichas y no hay dinero de verdad, es entonces cuando se descubre el espejismo. O, dicho de otro modo, cuando hay muchas más fichas en circulación que dinero real.

Recomendamos también consultar: *El impuesto Robin Hood o tasa Robin.*

Es una campaña promovida por diversas ONGs internacionales para la adopción por parte de los gobiernos de medidas fiscales especiales en favor de la lucha contra la pobreza.

La tasa Robin se contemplaría mediante la creación de un tipo impositivo específico que, reclamado a entidades bancarias, gestores de fondos de alto riesgo (hedge funds) y otras instituciones financieras, tendría un tipo de aplicación del rango 0,005 a 0,05 % sobre el valor de las transacciones financieras internacionales. El objetivo de la tasa Robin sería la creación de un fondo para la lucha específica contra la pobreza y la ayuda a los países menos desarrollados para la adopción de medidas hacia el cambio climático.

El impuesto Robin es similar en su mecanismo a la tasa Tobin y, a imagen de esta última, sus detractores argumentan que en caso de aplicarse, las entidades financieras repercutirían este coste a los clientes y consumidores, de igual manera que el tabaco y alcohol, o desmotivarían las inversiones hacia estos países.

SOY PORQUE SOMOS

Un antropólogo estudiaba las costumbres de una tribu de África, por lo que siempre estaba rodeado de niños de la tribu y decidió proponerles un juego para que se divirtieran entre ellos. Consiguió una buena porción de caramelos en la ciudad y colocó todos ellos en un cesto, decorado con cintas y otras cosas, luego dejó el cesto debajo de un árbol.

Empezó a llamar a los niños y les explicó el juego: cuando el digese «ya» ellos deberían correr hasta aquel árbol y el primero que agarrase el cesto sería el vencedor y tendría el derecho de comerse todos los dulces.

Los niños se pusieron en línea esperando la señal. Cuando el antropólogo dijo «ya», inmediatamente todos los niños se dieron las manos y salieron corriendo juntos en dirección al cesto.

Todos llegaron juntos y empezaron a dividir los dulces, y sentados en el suelo, se los comieron entre todos.

El antropólogo fue al encuentro sorprendido e indignado de que no hubieran entendido el juego y preguntó porqué fueron todos juntos, cuando si se esforzaba uno solo podría conseguir el cesto entero.

Y los niños respondieron: «¿Cómo uno de nosotros podría estar feliz si todos los demás están tristes?... *¡Ubuntu!*».

Ubuntu significa *soy porque somos.*

// ¿necesitamos recuperar la economía o la felicidad?

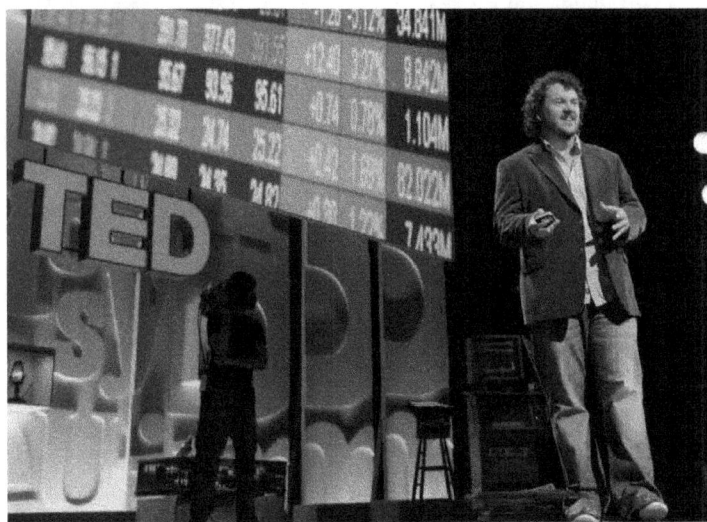

«LA VIDA ESTÁ
HECHA DE
PRIORIDADES»
SERGIO DI FINIZIO
Y NOELIA SOTUS
@NOESOTUS

Nic Marks: el índice de planeta feliz
http://www.ted.com/talks/lang/es/nic_marks_the_happy_planet_index.html

La economía y el desarrollo de un país se miden por el producto interno bruto (PIB). Pero, ¿sirve el PIB para reflejar lo que pasa en una sociedad? El término fue propuesto por el rey de Bután Jigme Singye Wangchuck en 1972 como respuesta a las críticas de la constante pobreza económica del país.

Este concepto tenía aplicabilidad a la economía de Bután, cuya cultura estaba basada principalmente en el budismo. Mientras que los modelos económicos convencionales observan el crecimiento económico como objetivo principal.

El concepto de felicidad nacional bruta (FNB) se basa en la premisa de que el verdadero desarrollo de la sociedad humana se encuentra en la complementación y refuerzo mutuo del desarrollo material y el espiritual.

Los cuatro pilares de la FNB son la promoción del desarrollo social y económico sostenible e igualitario, la preservación y promoción de valores culturales, la conservación del medio ambiente y el establecimiento de un buen gobierno.

Otro de los grandes defensores de esta idea es el estadístico Nic Marks que se pregunta por qué medimos el éxito de una nación por la productividad, en lugar de hacerlo por la felicidad y el bienestar de su pueblo. Él propone el índice de planeta feliz, que indica el bienestar nacional en función del uso de recursos que se necesitan para alcanzar esa felicidad.

// felicidad interior bruta

«El verdadero progreso social no consiste en incrementar las necesidades, sino en reducirlas voluntariamente»
Virginia Cuevas Valenzuela

Occidente mira a Buda y a Bután, un remoto país oculto entre las cumbres del Himalaya. Bután recoge en cierta medida aquellas teorías que emergieron en los años 70 desde la economía ecologista y el movimiento feminista para replicar al todopoderoso PIB como único medidor del bienestar de una sociedad.

En este rincón del Himalaya ya han puesto en práctica su felicidad interior bruta (FIB), que pretende evaluar el grado de bienestar de sus habitantes en función de parámetros como el grado de conservación de su entorno natural y de su patrimonio cultural o la distribución equitativa de la riqueza.

Al ser un país budista, Bután presta especial atención a la naturaleza y, consiguientemente, al impacto del cambio climático.

Precisamente una de las principales críticas al PIB es que «es insensible al agotamiento de los recursos naturales que frecuentemente acompaña a las actividades económicas», apunta Jordi Roca Jusmet, catedrático de Teoría Económica de la Universitat de Barcelona.

Para Roca Jusmet, «las variaciones del patrimonio natural no afectan al PIB, de forma que el 'éxito económico' de una economía puede esconder la destrucción acelerada de los recursos de los que depende sin que el PIB nos dé ningún aviso de ello».

El PIB, al medir sintéticamente la actividad económica, es sencillo y fácil de aplicar; de hecho, su evolución positiva o negativa determina en buena medida el éxito o el fracaso de un gobierno, pero es limitado, pues obvia cuestiones cada vez más relevantes para las sociedades desarrolladas, como el tiempo dedicado al trabajo y al ocio o el valor de los ecosistemas.

«LA FELICIDAD NACIONAL BRUTA (FNB) O FELICIDAD INTERIOR BRUTA (FIB) ES UN MEDIDOR QUE DEFINE LA CALIDAD DE VIDA EN TÉRMINOS MÁS HOLÍSTICOS Y PSICOLÓGICOS QUE EL PRODUCTO INTERIOR BRUTO (PIB)»

Descosido
www.descosido.es

Pungthan Dechen Dzong, Punakha Buthan
http://www.flickr.com/photos/kartlasarn/6575730257

Butàn es un país, entre India y China, altamente atrasado en multitud de aspectos; se convirtió en la democracia más joven en el año 2008. Después de independizarse de India en 1949, ha estado prácticamente aislado comenzando una política gradual al mundo exterior. Su cuarto rey Jigme Singye Wangchuck, anunció en diciembre de 2005 que abdicaría a favor de su primogénito y que se celebrarían elecciones.

Cabe destacar, que el pueblo no recibía la democracia con los brazos abiertos, sino más bien estaban en contra. Fue el resultado de un largo proceso . «El pueblo aceptó sus palabras porque se fían de él», afirmó Lyonpo Sonam Tobgye, el presidente del Poder Judicial de Bután. El 24 de marzo de 2008 se celebraron las elecciones parlamentarias. Se presentaron dos partidos y

ganó el Partido de la Paz y la Prosperidad del actual primer ministro, Jigmi Thinley.

Después, en noviembre de 2008, Jigme Khesar Namgyel Wangchuck, de 28 años, hijo de Jigme Singye Wangchuck, se convirtió en el quinto rey de Bután y el primer monarca constitucional del país.

En Bután, el 80% de la población se dedica a la agricultura, además de a la venta de energía hidráulica a la India y el turismo. El nivel de alfabetización es bajo (59,5%) y la esperanza de vida es de 62 años. Se trata de un país muy retrasado, en el que su capital, Thimpu, no tiene semáforos y donde la televisión e Internet aparecieron en 1999. Aunque no es un país rico, en 2007 fue la segunda economía que más rápido creció en el mundo.

// crecer
desde el bienestar humano

Este índice de la felicidad fue propuesto en 1972 por el entonces rey de Bután, Jigme Singye Wangchuck, como respuesta a las críticas por la constante pobreza del país. Este, tras la inesperada muerte de su padre, se convirtió en el monarca más joven del mundo, con 18 años y afirmando, durante su discurso de coronación que «la felicidad interior bruta es mucho más importante que el producto interior bruto».

El 2 de abril pasado, la Organización de las Naciones Unidas en Nueva York organizó una reunión de alto nivel sobre la felicidad y el bienestar. Concebida por el gobierno del Reino de Bután, y apoyada por 68 estados miembros, la reunión se llevó a cabo en medio de un turbulento ambiente dado por la crisis financiera mundial, el dramático cambio climático, la pobreza generalizada y el aumento de la neuroeconomía –factores que han sacudido el status quo y que han llevado la economía a una encrucijada.

La economía está a punto de cambiar, pero aún no está claro cómo. Lo que está claro es que el liderazgo moral e intelectual es esencial. La nueva comisión de Bután entrega una oportunidad valiosa para comenzar a construir una hoja de ruta para un nuevo modelo multidimensional de la economía del bienestar sostenible, fundada en el bienestar humano.

A través de estas sencillas guías se consigue «de manera lenta pero sólida», pasar de ser un país dependiente de la cooperación exterior a uno de «mediano desarrollo» en diez años, afirmó, en 2010, el primer ministro de Bután, Jigme Thinley.

El gobierno de Bután es consciente de esto: «están los países modernos, y luego está lo que era Bután hasta los años 70. Medieval, sin carreteras, sin escuelas, con la religión como única guía. Son dos extremos y la FIB busca el camino intermedio», explica Lyonpo Thinley Gyamtso, exministro del Interior y de Educación.

PRINCIPIOS BÁSICOS

Los principales pilares para sostener la felicidad son cuatro:

- Un desarrollo socioeconómico sostenible y equitativo.
- La preservación y promoción de la cultura.
- La conservación del medio ambiente.
- El buen gobierno.

Cada uno de estos pilares se compone a su vez de nueve dominios:

- Bienestar psicológico.
- Uso del tiempo.
- Vitalidad de la comunidad.
- Cultura.
- Salud.
- Educación.
- Diversidad medioambiental.
- Nivel de vida.
- Gobierno.

// índice de desarrollo humano

El IDH del Programa de las Naciones Unidas para el Desarrollo (PNUD), diseñado por el premio Nobel Amartya Sen hace veinte años, es la iniciativa que ha llegado más lejos.

La Encuesta Mundial de Valores fija mecanismos para determinar el grado de satisfacción vital; por ejemplo, en Estados Unidos la satisfacción vital se ha estancado desde los años setenta: el consumo ha aumentado, tienen coches más grandes pero trabajan más horas y se declaran menos felices», opina el filósofo Jordi Pigem.

Junto al IDH ha proliferado un variopinto abanico de índices, unos más científicos que otros.

Algunos han cobrado cierta notoriedad. La New Economics Foundation (NEF) de Londres ha elaborado el índice del planeta feliz (IPF), que en su revisión del 2009 lideraba Costa Rica, un país cuyo PIB representa la cuarta parte del de EE. UU.

El IPF combina esperanza de vida con satisfacción vital y huella ecológica (concepto que evalúa el impacto sobre el planeta de un determinado estilo de vida) para establecer el bienestar de una sociedad.

Cada vez más economistas rechazan la idea de que más PIB signifique más bienestar. Puede subir el PIB y a la vez aumentar el número de parados y dispararse las desigualdades.

Lo básico es darnos cuenta de que el objetivo de la sociedad no tiene por qué pasar por el crecimiento económico, sino por aspirar a la felicidad, que no es un concepto tan abstracto.

La OCDE también ha iniciado un proceso de reflexión pues los 50 años de progreso económico no se han traducido en que los ciudadanos se sientan más felices y constata que la crisis económica invita con más vigor a que los gobiernos se afanen en hacer un diagnóstico más sofisticado de los escollos que limitan el bienestar.

// NEF new economics fundation

Detalle de la web:
www.neweconomics.org

NEF es un centro británico de estudio, investigación y acción independiente que inspira y demuestra bienestar económico real. Su meta es mejorar la calidad de vida mediante la promoción de soluciones innovadoras que retan la corriente clásica de pensamiento en asuntos económicos, sociales y ambientales. Trabaja a través de asociaciones y prioriza el bienestar de la gente y del planeta.

La Fundación fue creada por los líderes de «La Otra Cumbre Económica» en 1986 en el Reino Unido. Esta Cumbre forzó la inclusión de asuntos como la deuda externa en la agenda de las Cumbres de los G7 y G8.

«ELLA ESTÁ EN EL HORIZONTE. ME ACERCO DOS PASOS, ELLA SE ALEJA DOS PASOS. CAMINO DIEZ PASOS Y EL HORIZONTE SE CORRE DIEZ PASOS MÁS ALLÁ. POR MUCHO QUE YO CAMINE, NUNCA LA ALCANZARÉ. ¿PARA QUE SIRVE LA UTOPÍA? PARA ESO SIRVE: PARA CAMINAR.»
EDUARDO GALEANO

Reflexión aportada por @AlexRagaVazquez

// consejos (sencillos) para ser más felices

Reflexión aportada por Mariano Díaz
www.melomicsrecords.com

¿QUÉ ES LA FELICIDAD Y CÓMO PODEMOS OBTENERLA?

Dan Gilbert, autor de *Tropezando con la Felicidad*, desafía a la idea de que somos miserables si no tenemos lo que queremos. Nuestro «sistema inmunológico psicológico» nos hace sentir verdaderamente felices incluso si las cosas no salen como lo planeado.

La felicidad es el anhelo de cualquier persona pero muchas veces no se sabe cómo alcanzarla, por ello, incluso la Universidad de Harvard ha diseñado un curso que ayuda a conseguir ese estado, una cátedra que se ha convertido en una de las más populares de esa prestigiosa universidad.

La clase se llama «Mayor felicidad» y es tutorizada por Tal Ben-Shahar, experto en psicología positiva. A pesar de ser un curso opcional, cada semestre 1.400 alumnos de diferentes carreras se inscriben en él.

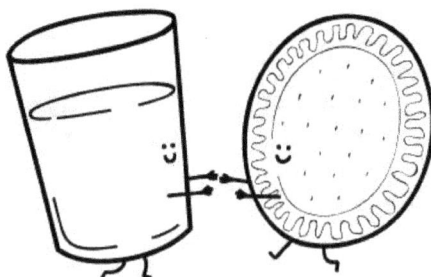

HOY PUEDES SER UN POCO MÁS FELIZ

no es más rico quien más tiene

sino quien encuentra lo que necesita

mr. wonderful*

www.mrwonderful.es
www.muymolon.com

Puedes encontrar más wonderconsejos en:
http://muymolon.com/category/wonderconsejos

Estos son los consejos que nos ofrece el profesor Tal Ben-Shahar desde Harvard y que, aunque seguramente sean aplicables solo a la cultura «occidental», han demostrado ser muy efectivos:

1. REALIZA ALGÚN EJERCICIO

Hacer actividad física es mejor que tomar un antidepresivo para mejorar el ánimo. Treinta minutos de ejercicio es el mejor antídoto contra la tristeza y el estrés.

2. TOMA DESAYUNO

Algunas personas se saltan el desayuno porque no tienen tiempo o porque no quieren engordar. Estudios demuestran que desayunar ayuda a tener energía, pensar y desempeñar exitosamente las actividades.

3. AGRADECE A LA VIDA TODO LO BUENO QUE TIENES

Escribe en un papel 10 cosas que tienes en tu vida que te dan felicidad. Cuando hacemos una lista de gratitud nos enfocarnos en cosas buenas.

4. SÉ ASERTIVO

Pide lo que quieras y di lo que piensas. Está demostrado que ser asertivo ayuda a mejorar la autoestima. Ser dejado y aguantar en silencio todo lo que te digan y hagan, genera tristeza y desesperanza.

5. PEGA RECUERDOS BONITOS, FRASES Y FOTOS POR TODOS LADOS

Llena tu frigorífico, tu ordenador, tu escritorio, tu dormitorio, en fin, tu vida de recuerdos bonitos y seres queridos.

6. SIEMPRE SALUDA Y SÉ AMABLE CON OTRAS PERSONAS

Más de 100 investigaciones afirman que el solo hecho de sonreír cambia el estado de ánimo.

7. GASTA TU DINERO EN EXPERIENCIAS, NO EN COSAS

Un estudio descubrió que el 75% de las personas se sentía más feliz cuando invertía su dinero en viajes, cursos y actividades. En tanto, solo el 34% dijo sentirse más feliz cuando compraba cosas.

8. ENFRENTA TUS RETOS

No dejes para mañana lo que puedes hacer hoy. Estudios demuestran que cuanto más postergas algo que sabes que tienes que hacer, más ansiedad y tensión generas. Escribe pequeñas listas semanales de tareas a realizar y cúmplelas.

9. USA ZAPATOS CÓMODOS

Si te duelen los pies es seguro que te pondrás de mal genio, asegura el doctor Keinth Wapner, Presidente de la Asociación Americana de Ortopedia.

10. CUIDA TU POSTURA CORPORAL

Caminar derecho con los hombros ligeramente hacia atrás y la vista hacia el frente ayuda a mantener un buen estado de ánimo.

11. ESCUCHA MÚSICA

Está comprobado que escuchar música te despierta deseos de cantar y bailar, lo que alegra la vida.

12. ALIMÉNTATE BIEN

Lo que consumes tiene un impacto importante en tu estado de ánimo. Por esta razón, lo recomendables es comer algo ligero cada tres o cuatro horas para así mantener los niveles de glucosa estables; no saltarse comidas; evitar el exceso de harinas blancas y el azúcar; comer de todo y variar los alimentos.

13. CUIDA TU ASPECTO Y SIÉNTETE ATRACTIVO(A):

El 41% de la gente dice que se siente más feliz cuando piensa que se ve bien.

// procomún

un nuevo concepto para una idea muy antigua

colaborabora.org

Fuente: consumocolaborativo.com

El Consumo colaborativo comienza con la experiencia que ya se tiene con el Bien Común. El uso de los recursos comunes (calles, plazas, océanos, espectro radioeléctrico, etc.) suele ser un tema controvertido. Garrett Hardin (1968) decía que los recursos gestionados de manera colectiva serían inevitablemente destruidos por los intereses personales y que por tanto surgiría la necesidad de una regulación estricta.

El concepto de sostenibilidad está siendo avalado por un concepto antiguo que vuelve a tomar forma. El Procomún es la manera de expresar una idea muy antigua de «bien comunal». Algunos bienes pertenecen a todos y forman una constelación de recursos que debe ser activamente protegida y gestionada por el bien común.

Procomún (the Commons) es un modelo de gobernanza del bien común. La manera de producir y gestionar en

«Comunidades activas de gestión y regulación de un recurso que genera beneficio colectivo. La comunidad establece un modelo de gobernanza que hace sostenible el recurso, evita procesos de privatización y limita la acción de los free-riders (polizones), agentes que actúan con el único objetivo de maximizar sus beneficios sin negociar con la comunidad. Un posible catálogo del procomún incluiría los bienes naturales, científico-tecnológicos y culturales y sociales.» @rubenmartinez

> **«NO EXISTE UNA MEJOR PRUEBA DEL PROGRESO DE UNA CIVILIZACIÓN QUE LA DEL PROGRESO DE LA COOPERACIÓN.»**
> **JOHN STUART MILL**

Diseño: EUSEBIO REYERO
http://eusebioreyero.com

Afortunadamente parece que la humanidad ha comenzado a pensar de manera diferente sobre el bien común. Una vez más, la experiencia digital ha permitido entender cómo la comunidad mejora cuando compartimos fotos (como en Flickr bajo licencias Creative Commons), conocimiento (redactando o corrigiendo en Wikipedia) o simplemente cuando intercambiamos ideas. Cuando trasladamos estas experiencias a otros ámbitos de la vida entonces estamos creando la base del Consumo Colaborativo.

comunidad bienes y recursos, tangibles e intangibles, que nos pertenecen a todos, o mejor dicho, que no pertenecen a nadie. Un posible catálogo del procomún incluiría los bienes naturales, científico-tecnológicos y culturales sociales. Un antiguo concepto jurídico-filosófico, que en los últimos años ha vuelto a coger vigencia y repercusión pública, gracias al software libre y al movimiento open source, y también al premio Nobel de Economía concedido a Elinor Ostrom en 2009, por sus aportaciones al gobierno de los bienes comunes.

El procomún fomenta el empoderamiento ciudadano a través de las cosas que heredamos y creamos conjuntamente y que esperamos ofrecer a las generaciones futuras.

Es importante observar que el trasfondo sociocultural tiene un impacto crítico en la forma que la gente actúa con el Bien Común, con lo que diferentes países y culturas pueden necesitar de aproximaciones distintas.

La noción de procomún está definida por tres características básicas: amplio, plural y elusivo.

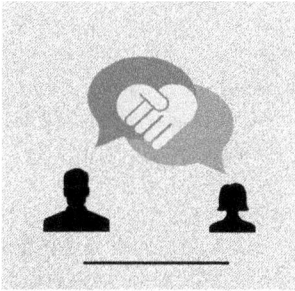

Amplio porque abarca una considerable diversidad de:

- Bienes naturales: selvas, biodiversidad, fondos marinos, el espacio...
- Culturales: arte, ciencia, folclore, tradición, lengua, internet...
- Sociales: agua potable, electricidad, urbanización, democracia...
- Y corporales, también llamados de la especie: órganos, genoma, datos clínicos...

Plural porque son tan múltiples como los muchos modos de existencia que adoptan las comunidades, tanto en el plano local, como en el regional, estatal o internacional, pues no hay comunidad sin un procomún donde asentarse.

Elusivo porque siendo fundamental para la vida lo tenemos por un hecho dado y solo lo percibimos cuando está amenazado o en peligro de desaparición.

// los **bienes** ociosos

Producción y consumo son dos fosas históricas del capitalismo que suponen distintas estructuras capitalistas de necesidades y bienes, el capitalismo de producción se diferencia del neocapitalismo de consumo por el predominio simbólico y cuantitativo de un cierto tipo de productos, mercancías.

Si pudiéramos agruparlos en tres grandes bloques, los principales productos mercancías serían:

1. Productos y bienes instrumentales: maquinaria, ferrocarriles, etc... Todo lo que corresponde al aparato productivo y de transformación.
2. Bienes elementales: que están para satisfacer lo que llamamos necesidades lógicas.
3. Bienes de lujo: pequeño grupo de bienes que se producían para una pequeña minoría.

storyofstuff.org

BIENES OCIOSOS MASIVOS

En el neocapitalismo de consumo se desplaza el centro simbólico del mercado hacia un nuevo tipo de bienes mercancías.

Estos bienes lo único que van a satisfacer son necesidades relativas. Y van a ser fabricados en masa por la industria. En el neocapitalismo de consumo existen los bienes de lujo y los bienes instrumentales y elementales, pero se añaden estos últimos.

Lo significativo de estos bienes es que se van a comercializar en masa, a través de los medios de comunicación de masas. Los bienes elementales, de necesidades básicas, van a consumirse con la misma estructura simbólica característica de los bienes ociosos masivos.

De ahí que la tendencia central y progresiva del mercado sea la de marcar simbólicamente todo producto o mercancía con una imagen de marca, que lo asimile o lo convierta en un bien ocioso adquirido no solo porque satisface una necesidad, sino porque también responde a un deseo.

Estamos rodeados de bienes ociosos: desaprovechando el valor social y económico de espacios, capacidades, tiempo, jardines y «cosas» en desuso.

Según un estudio de Latitude Research, lo que tiene más demanda para ser compartido son el transporte, los artículos de uso poco frecuente (sobre todo los más difíciles de poseer o los que implican una gran responsabilidad) y los espacios físicos, aunque con un poco de imaginación se pueden pensar en muchos otros ámbitos y oportunidades.

EL CAPITAL DE LA REPUTACIÓN

Como se explica en el artículo «The future of (un)consumption», las redes sociales, privadas o públicas, necesitan crear un nivel de confianza justo para sus usuarios.

«La confianza entre extraños» es el ingrediente más importante que hay que hacer bien. Sin este elemento como pilar será muy difícil conseguir el volumen suficiente de gente que hace viable la iniciativa. Anderson señala que los sistemas con más éxito han incorporado mecanismos para garantizar esta confianza con eficacia, tal y como hacen el sistema de referencias del CouchSurfing o el proceso de comentarios de eBay.

En la misma línea, algunas citas del artículo *The reputation economy:*

- Una valoración positiva equivale a una referencia de primera mano de alguien que no conocemos pero que nos ayuda a decidir a la hora de elegir con quién intercambiar.
- El usuario hará casi cualquier cosa para construir y proteger su reputación.
- El usuario sabe que la otra gente puede ver los comentarios sobre él y que su actitud puede influir en su capacidad para interactuar. Es el tradicional de boca- en-boca sumado a las posibilidades de conexión que ofrecen las nuevas tecnológicas.
- El capital de la reputación está siendo tan importante que actuará como segunda moneda de cambio, la que reclama «puedes confiar en mi».

Recomendado
Puedes consultar un listado actualizado de empresas, servicios e iniciativas relacionadas con el consumo colaborativo en la web:

http://www.consumocolaborativo.com/directorio-de-proyectos/

«CON LA CREACIÓN DE ESTA CONFIANZA, ESTOS SISTEMAS HAN PODIDO CRECER RÁPIDAMENTE Y ASÍ APOYAR A TODOS LOS USUARIOS QUE CREEN EN EL VALOR Y EL ÉXITO DEL SISTEMA»

silent drop

«Nuestra individualidad no puede expresarse sin el marco de la sociedad. La sociedad no puede crecer si no deja espacio a la individualidad de cada persona. En el respeto entre ambas se encuentra el mundo que anhelamos.» Silent drop.
Reflexión aportada por: Sébastien Loix
www.silentdrop.es

163

// **huertos** urbanos

La naturaleza es un ejemplo de diseño sostenible casi perfecto. La sostenibilidad del planeta mejorará como pretendemos, si entre todos no imaginamos nuevos diseños y formas alternativas de vida, de uso de lo que nos rodea (desde el reciclaje hasta la reinvención para el uso de materiales que tenemos olvidados).

LOS HUERTOS URBANOS TRATAN DE GANAR TERRENO A LA CIUDAD, QUE CON EL DESARROLLO INDUSTRIAL ACABÓ CON LAS PEQUEÑAS EXPLOTACIONES AGRÍCOLAS

Tomates, lechugas y pimientos frescos en pleno asfalto. Los huertos urbanos se presentan en como una propuesta de alimentación sana y una eficaz terapia ocupacional. ¿Condiciones? Cultivar sin ánimo de lucro y de una forma 100% ecológica.

Muchas veces la finalidad de estos huertos, propiciados por entidades gubernamentales y ONGs, no es la de suplir una cantidad importante de alimento, sino que más bien la de promover una diversificación de los hábitos alimentarios y la calidad de los alimentos. Lo más interesante es la en la red de conocimiento y colaboración local que se establece entorno al cultivo ecológico y todos sus componentes.

Además de ser una buena manera de promocionar un entorno más sostenible, estos huertos urbanos cumplen una función social. Muchos ciudadanos han decidido emplear su tiempo libre manchándose las manos de tierra. Ese es precisamente uno de los pilares de esta iniciativa: un método efectivo que conjuga sensibilización ecológica y nuevas formas de entretenimiento para ciudadanos. Todo ello bajo el telón de fondo de valores como el civismo, la cooperación ciudadana o la participación.

Otra de las alternativas, si no se cuenta con un terreno público, es la creación de pequeños huertos verticales en nuestro propio hogar.

GANAR TERRENO A LA CIUDAD

Las industrializaciones masivas no dejaban espacio para las zonas verdes y los huertos urbanos fueron una respuesta ante el acoso del ladrillo. Los núcleos urbanos se extendieron sin planificación alguna destrozando zonas agrícolas. Gracias a ese espíritu de conservación, hoy quedan muchos espacios de estas características repartidos por toda España.

En todos ellos se utiliza la agricultura ecológica como recurso educativo en el contexto urbano.

La agricultura ecológica se presenta actualmente como una alternativa de vida y no solo como una teoría agronómica. Así no solo se decide practicar agricultura ecológica en los huertos por motivos de salvaguardar el medio ambiente, sino que socialmente es una experiencia cada vez más reconocida y apoyada y supone una mayor implicación de los distintos colectivos en la mejora de la salud y la calidad de vida de los ciudadanos.

Algunos de los principales objetivos que podemos alcanzar a través de los huertos urbanos son:

- Promover la recuperación de las señas de identidad histórico-agrícolas.
- Desarrollar una experiencia de agricultura ecológica, favoreciendo la adquisición de conocimientos, valores y técnicas para la producción de alimentos de calidad natural.
- Fomentar una actitud de valoración y respeto por el medio ambiente a través de la educación no formal.
- Fomentar la utilización óptima de los recursos locales y naturales.
- Mejorar la calidad de vida de los ciudadanos-hortelanos.
- Motivar la integración entre las distintas generaciones y colectivos sociales.
- Mejorar la salud de los ciudadanos a través del ejercicio físico y la alimentación sana.

«LOS QUE BAILAN SON LOCOS PARA AQUELLOS QUE NO ESCUCHAN LA MÚSICA»

Frase aportada por Elisa.

Tendencia en auge

Los huertos urbanos y verticales son solo es un ejemplo más. Los huertos urbanos se asientan en la ciudad y los políticos van tomando conciencia de su importancia.

En Madrid se acaba de inaugurar un nuevo espacio de más de seis mil metros cuadrados y otra gran ciudad como Barcelona vive una fiebre por la agricultura más cosmopolita.

El tiempo lo va dejando cada vez más claro: cultivar en la ciudad ha dejado de ser una utopía.

«Nunca dudes que un pequeño grupo de ciudadanos pensantes y comprometidos pueden cambiar el mundo. De hecho, son los únicos que lo han logrado.» Margaret Mead
Frase aportada por: Luis Miguel Hadzich | www.queiluso.hadzich.com

//qué es trueque
un poco de historia

El trueque es el intercambio de objetos o servicios por otros objetos o servicios y se diferencia de la compraventa habitual por que no intermedia el dinero «líquido» en la transacción. Al contrato por el cual dos personas acceden a un trueque se le denomina permuta.

Para que exista el trueque entre individuos debe existir previamente la institución de la propiedad privada; condición no necesaria en el trueque entre grupos (propiedad colectiva).

El trueque de bienes o servicios existe prácticamente desde que el hombre dejó de pertenecer a sociedades nómadas, pero es ahora, en la sociedad moderna, cuando hemos podido revivir este antiguo fenómeno propiciado en cierto modo por la crisis mundial que vivimos actualmente. También, podemos hablar del alquiler de las cosas, que marca tendencia en la actualidad. Ambas, son una nueva forma de consumo conocido como consumo colaborativo.

Es una práctica que existe desde tiempos inmemorables. El ser humano siempre ha tenido la necesidad de cambiar aquellos objetos que poseía, pero no necesitaba, por aquellos que realmente deseaba.

En el comercio se intercambiaba materia prima por artículos artesanos, o productos elaborados a cambio de otros que el artesano no producía.

En los pequeños mercados era donde se originaron los primeros trueques entre una gran variedad de artículos, por ejemplo: herramientas de sílex, lanzas, zapatos, collares y hasta productos agrícolas. Hoy en día, en algunos mercados se siguen usando este tipo de transacciones.

Más tarde, apareció el dinero con lo que las cosas se obtenían a cambio de dinero en monedas.

En las sociedades postmodernas podemos observar un cierto todo gracias a Internet, que facilita transacciones complejas entre personas y empresas alejadas geográficamente.

Históricamente es habitual que el trueque recobre importancia en épocas de crisis económica, y principalmente en casos de hiperinflación, dado que el dinero pierde en gran medida su valor.

Algunas formas de trueque son el banco del tiempo o los mercados de trueque como los que han proliferado en Argentina tras la caída del peso. Aunque este sistema está experimentando un auge en países de todo el mundo.

El surgimiento de internet permitió su uso para el trueque, facilitando la labor de búsqueda y localización de los mejores candidatos para realizar el intercambio. Actualmente, en la red existen plataformas que facilitan el contacto gratuito entre empresas o particulares que desean intercambiar sus productos o servicios. La evolución de este tipo de páginas ha derivado en algo conocido como el trueque activo, es decir, no simplemente limitarse a anunciar un artículo, si no que se posibilite la interacción con otros usuarios de la misma red. En definitiva es la creación de comunidades de usuarios que quieren intercambiar cosas.

Además, esta tendencia a intercambiar cosas o a pagar por ellas, solo por su uso en un período de tiempo, hace que consumamos de una forma más sostenible y responsable, generando menos y compartiendo más, aunque el concepto de propiedad es fundamental todavía para muchas culturas.

Poco a poco se abre paso un nuevo modelo económico; la economía colaborativa, donde encontramos nuevas herramientas financieras como el crowdfunding, los préstamos entre personas o las monedas alternativas.

La colaboración entre muchos, que está cambiando nuestra manera de comunicarnos y relacionarnos, también está cambiando el dinero y el intercambio de valor.

No hay que olvidar que uno no es pobre por no tener dinero, uno es pobre por no tener relaciones.

Para intercambiar valor con nuestra comunidad más próxima existen las monedas alternativas o complementarias.

En estos casos, la moneda es una herramienta para la cohesión social y el desarrollo económico local y no una herramienta para maximizar la rentabilidad económica y acumular riqueza.

Su éxito radica en dos principios: el de la solidaridad y el de que todo el mundo puede aportar algo de valor en una comunidad.

ASPECTOS POSITIVOS

Comprar productos o servicios sin realizar movimientos monetarios;

- Mantener la liquidez de la empresa;
- Optimizar los resultados financieros del negocio;
- Mejorar la productividad;
- Compensar la variación de producción por temporadas, es decir, obtener más clientes aún en temporada baja;
- Reducir la acumulación de stocks de productos, encontrándoles una salida rentable alternativa;
- Ampliar las relaciones comerciales con empresas de otros sectores;
- Conseguir nuevos canales comerciales para el negocio sin modificar la agenda de clientes.

ASPECTOS NEGATIVOS

- Una desventaja del trueque podría ser que no se encuentra rápidamente a alguien que quiera intercambiar lo que nosotros deseamos por lo que podemos ofrecer.
- Otro inconveniente en el proceso de trueque es la complejidad del cálculo en el valor exacto entre las cosas que vamos a intercambiar (falta de unidad de valor). De todas formas, se suele establecer el precio de los productos o servicios según su valor en el mercado.
- El trueque debe ser de manera directa sin intermediarios, ya que con ellos se elevaría el valor de las cosas de ambas partes, solo dando utilidad al intermediario.
- A veces, el trueque tiene un valor más bien simbólico según la necesidad que un valor capital. Es decir, si tengo una casa que no estoy utilizando y necesito con urgencia un automóvil, no le daré un valor capital a la casa sino un valor de necesidad.

// qué es consumo colaborativo

Fuente: consumocolaborativo.com
collaborativeconsumption.com

Hay otra forma de entender la economía. Otra forma de entender nuestras vidas y afrontar nuestros recursos económicos. No solo como opción, sino como alternativa al actual sistema de consumo insostenible.

Pero no todos son malas noticias, actualmente la sociedad de propietarios se está cuestionando en muchos ámbitos. La digitalización de los contenidos (fotografías, música, vídeos, libros) ha permitido que la gente se diera cuenta que en muchos casos lo que queremos no es el disco en sí, sino la música que está grabada. Con servicios como Spotify la gente ha descubierto que no hay que poseer esa canción que solo escucharás cuatro o cinco veces.

Si puedes acceder a ella cuando lo necesites, no solo es suficiente, sino que además, es más práctico.

Consumo Colaborativo, Economía Solidaria o Economía del Acceso son algunos de los términos utilizados para describir este movimiento.

El término Consumo Colaborativo es el más utilizado globalmente (el original en inglés *Collaborative Consumption*).

Los críticos argumentan que el movimiento basado en compartir / prestar / alquilar no es ningún invento nuevo. Nuestros antepasados eran más cooperativos y tenían un sentido de comunidad más fuerte del que tenemos ahora. Las generaciones actuales parece que hayan olvidado aquellos valores y la sociedad ha adoptado la propiedad individual como principio fundamental para la vida.

A medida que la sociedad adopta una cultura de menor compromiso, el estigma asociado a las palabras alquilar o compartir está desapareciendo rápidamente. Los jóvenes están liderando el camino hacia otra manera de consumir, un Consumo Colaborativo: alquilar, prestar e incluso compartir bienes en lugar de comprarlos.

Los tres sistemas

El término Consumo Colaborativo se refiere al cambio cultural y económico en los hábitos de consumo marcado por la migración de un escenario de consumismo individualizado hacia nuevos modelos de intercambio, uso compartido, trueque o alquiler, potenciados por los medios sociales y las plataformas peer-to-peer.

El libro *What's Mine Is Yours: The Rise of Collaborative Consumption* es el texto de referencia para el Consumo Colaborativo. En este libro, los autores organizan la amplia selección de ejemplos del Consumo Colaborativo en tres sistemas:

1. SISTEMAS BASADOS EN EL PRODUCTO

Pagar por el beneficio de utilizar un producto sin la necesidad de adquirirlo. Se trastornan las industrias tradicionales basadas en modelos de propiedad privada individual.

En palabras de Rachael Botsman y Roo Rogers:
«Ahora vivimos en un mundo global donde podemos imitar a los intercambios que antes tenían lugar cara a cara, pero a una escala y de una manera que nunca habían sido posibles. La eficiencia de Internet, combinada con la capacidad crear confianza entre extraños ha creado un mercado de intercambios eficientes entre productor y consumidor, prestador y prestatario, y entre vecino y vecino, sin intermediarios ».

Por ejemplo: compartir coche y alquiler P2P. Estos sistemas atraen cada vez a un mayor número de usuarios.

2. MERCADOS DE REDISTRIBUCIÓN

Redistribuir los bienes usados o adquiridos, de donde ya no se necesitan hacia algún lugar o alguien que sí los necesitan. Con el tiempo, Redistribuir puede convertirse en la quinta «R», junto con Reducir, Reutilizar, Reciclar y Reparar.

Por ejemplo: Mercados de intercambio y de segunda mano. En algunos mercados los productos pueden ser gratuitos (Freecycle), en otros se intercambian (thredUP) o se venden (eBay).

3. ESTILOS DE VIDA COLABORATIVOS

No solo se pueden compartir o intercambiar bienes materiales. Gente con intereses comunes se está juntando para compartir e intercambiar bienes menos tangibles como tiempo, espacio, habilidades y dinero. Estos intercambios tienen lugar principalmente a nivel local o de barrios, donde se comparten espacios para trabajar, jardines o aparcamientos. A nivel más global podemos encontrar los préstamos entre particulares o alquiler de habitaciones a viajeros.

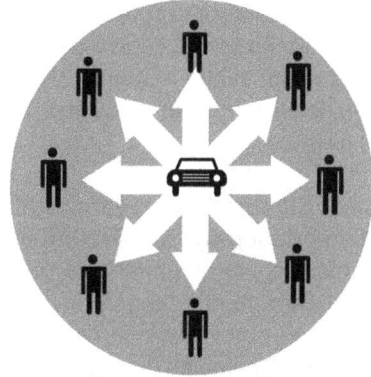

169

//consumo**colaborativo**.com

Albert Cañigueral | @AlbertCanig

A principios de mayo de 2012 tuve la oportunidad de quedar con María Hidalgo, responsable de proyectos de diseño social. Estaba en los últimos días de mi vuelta al mundo y ella regresaba de un torneo de rugby que jugaba en los pirineos.

Habíamos contactado a raíz del curso sobre consumo colaborativo que Diseño Social había iniciado y al que me había invitado a unirme. Para mí ella fue la primera desconocida con quién hablaba de consumo colaborativo y con quién discutía sobre qué soluciones se podían aplicar en España.

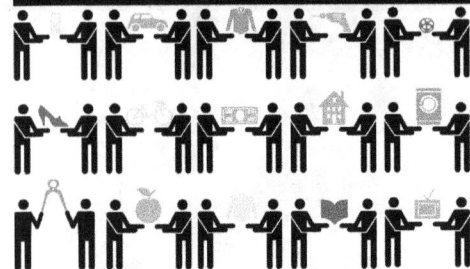

Empecé por comentarle solo tres palabras: «Peer to Peer» (P2P). Son la raíz fundamental del cambio de paradigma que estamos viviendo hacia un nuevo mercado-sociedad.

Ahora colaboramos con Share, una comunidad internacional de emprendedores sociales, de activistas, diseñadores, periodistas y ciudadanos trabajando en favor de la Economía de la Colaboración, organizada en base a los nodos locales.

El objetivo es volver a dinamizar las comunidades locales mediante talleres y eventos que profundizan en el concepto de consumo colaborativo adaptado.

Después de este primer desayuno juntos, Diseño Social EN+ y Consumo Colaborativo iniciamos un camino que hoy se sigue recorriendo a través de este manual.

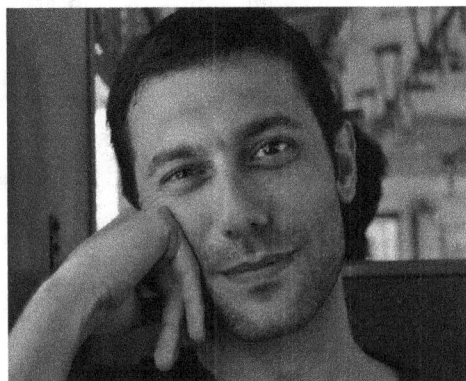

El concepto de consumo colaborativo comenzó a popularizarse en 2010 con la publicación del libro «What's Mine Is Yours: The Rise of Collaborative Consumption».

Albert Cañigueral: Fundador y editor de ConsumoColaborativo.com y Connector de Ouishare.net en España e Hispanoamérica.

P2P

P2P significa un menor número de intermediarios, un menor número de restricciones, significa una relación directa y, por lo tanto, significa inevitablemente una humanización de los intercambios (persona a persona), más allá de la pura transacción comercial.

P2P también significa pasar del puro intercambio monetizado (que ha caracterizado al comercio) para pasar a «compartir».

La llamada economía del compartir o de la colaboración, que algunos esperan como el nuevo gran negocio y que otros usan para afirmar que el acceso es mejor que la propiedad, tiene una fuerte característica de búsqueda de eficiencia e innovación en todos los frentes.

Ilustración 4: Tabla con los tres sistemas Fuente: Harvard Business Review article on CC

//ouishare
comunidad creativa para la economía colaborativa

OuiShare es una comunidad interna-cional de emprendedores sociales, periodistas, activistas, investiga-dores, diseñadores y ciudadanos trabajando en favor de la Economía de la Colaboración. Está formada por una red global de nodos locales (París, Londres, Berlín, Barcelona, Roma, Bruselas, ...) que permite crear valor a nivel mundial con un medio de comunicación online y colabo-rativo, y a la vez a nivel local al organizar eventos y facilitar la dinamización de las comunidades locales.

En funcionamiento desde enero de 2012, OuiShare cuenta ya con más de 300 miem-bros en 15 países de Europa, América La-tina y América del Norte que contribuyen en inglés, francés y español.

EQUIPO OUISHARE

La labor del equipo de colaboradores de Ouishare se inscribe en una doble lógica de Think Tank (análisis, previsiones y pers-pectivas) y de Do Tank (animación de las comunidades locales, presencia en medios, charlas, etc.). La organización funciona en evolución permanente para poder obtener el máximo impacto a la vez que cuidamos la apertura, la transparencia y las contribu-ciones por parte de la comunidad.

Los grados de implicación se resumen en cuatro tipos:

- Co-Fundadores, animadores de la comu-nidad a nivel global.

- Connectores
    - Connectores en una ciudad, dinami-zan las comunidades locales con la organización de eventos OuiShare «en la vida real» (OuiShare Drinks, OuiShare Talks, OuiShare Summit, ...) y online, mediante grupos Facebook especializados.
    - Connectores OuiShare X, dinami-zan las comunidades alrededor de un aspecto concreto «OuiShare X» (OuiShare Food, OuiShare Factory, OuiShare Retail, OuiShare Knowled-ge, ...) tanto online como offline.
- Contribuidores, participan en las conver-saciones on y offline y ayudan a organi-zar eventos OuiShare.
- Co-Asesores, comparten su visión, sa-piencia y experiencias con la comunidad para ayudar a su maduración y creci-miento.

//mapping green & fair world
The Global Transition to a New Economy

Un nuevo mapa interactivo online revela el alcance de las innovadoras medidas que se están desarrollando a pequeña escala para dar respuesta a la crisis económica.

En todo el mundo se están percibiendo indicios y señales de que se está desarrollando una nueva economía alternativa, desde el crecimiento de las monedas locales, como la libra de Totnes o de Bristol, hasta proyectos comunitarios de intercambio de habilidades o las redes de bancos de tiempo, al tiempo que cada vez son más las empresas que reinvierten sus ganancias de distintas maneras que benefician a su comunidad local. Y lo mismo está ocurriendo en muchos países, en donde los grupos más progresistas de todo el mundo trabajan para construir una economía más sostenible.

El mapa se creó en marzo de 2012 y ya se han incorporado al mismo varios cientos de proyectos desarrollados hasta el momento. Cada uno de los proyectos incluidos en el mapa está identificado con un color específico para representar a qué sección de la economía hace referencia, al tiempo que se incluye también una descripcion detallada del proyecto en sí.

La creación de este mapa forma parte de un proyecto más amplio llamado Global Transition 2012, que es una red internacional de organizaciones y líderes del pensamiento. Trabajan para lograr un resultado óptimo que «sea capaz de catalizar una transición global hacia una economía que maximice el bienestar, opere dentro de los límites medioambientales y que sea capaz de hacer frente y adaptarse a la transformación medioambiental que se está desarrollando en todo mundo».

Detalle de la Web: http://gtne.org/

// acceso vs. posesión

¿Quieres participar?

Somos muchos
Toca organizarse

Carpling

EJEMPLO DE EMPRESA CC

Carpling es un portal en Internet que promueve el consumo colaborativo, potenciando el desarrollo social hacia una meta común, vivir más sosteniblemente optimizando recursos.

Aprender que colaborar con los demás nos beneficia a todos. Carpling ayuda a conocer personas para compartir coche, taxi, plaza de garaje o viajes en grupo para beneficiarse de los descuentos existentes. Con prácticas como estas, además de ahorrar, se consigue reducir el tráfico y la contaminación, contribuyendo con el medio ambiente.

La aplicación para compartir taxi, disponible en versión web y para móviles, sirve para buscar pasajeros con quien compartir una carrera y además calcula el porcentaje total que ha de pagar cada uno en función de la distancia recorrida.

Carpling garantiza la privacidad de sus usuarios, de manera que solo se muestran los datos personales a usuarios registrados y que hayan publicado un anuncio similar. ¡Haz Carpling!

F rente a la acumulación de bienes en propiedad en las sociedades (ricas), son cada vez más los que defienden volver a un consumo colaborativo. Aunque a lo mejor hay otra manera de consumir, sin 'consumirnos' en el intento. Una alternativa a esta cultura de «usar y tirar» que está devorando el planeta y también devorándonos moral y socialmente.

Compartir está en la esencia de las personas y esto no es solo una cuestión ética, también lo es sociológica y científica. Pero el modelo económico no quiere oír hablar de ello. El capitalismo amparado por la obsolescencia programada y legitimado por las nuevas extrategias de marketing, establece como motor del desarrollo que un producto no sea usado por más de un individuo. En el nombre del crecimiento económico, hemos tenido que renunciar a la categoría de comunidad para convertirnos en «consumidores».

Pero palabras como *colaborar* o *compartir*, que eran casi tabú hace unos años, han recuperado el valor que tenían. Han ayudado a esto tanto la actual crisis del sistema como las redes y las nuevas tecnologías, que nos permiten llegar a una escala que hace unos años era impensable. Gracias a estas redes se han podido conectar necesidades y recursos de agentes dispersos. El gran reto es extrapolar lo aprendido en red y aplicarlo a nodos locales.

Estamos ante una nueva transformación en los hábitos de consumo. Gracias a Internet y a la cultura digital, los usuarios estamos más acostumbrados a compartir, esto ha supuesto una ayuda para «romper» con nuestro anterior estilo de consumo.

Ya no es necesario poseer un objeto, es más importante el tener acceso a ellos. Las nuevas tecnologías nos permiten estar continuamente conectados, lo que facilita el intercambio y la colaboración.

«El consumo 'colaborativo' es el auténtico consumo sostenible, el que cierra el círculo de las cinco 'R': reducir, reciclar, reusar, reparar y redistribuir. Aunque dar el salto cualitativo va a requerir un cambio de mentalidad. Como consumidores, es básica la confianza mutua que será la que de valor a las relaciones comerciales y de intercambio. Como productores, hay que ampliar la noción de eso que llamamos 'beneficios' para que todos salgamos ganando, incluido el planeta».

THIERRY KAZAZIAN

Según la división francesa de World Wildlife Fund en nuestros hogares almacenamos entre 3000 y 4000 mil objetos, 15 veces más que nuestros abuelos. El dato viene de otro libro, este en francés, *Il y aura l'âge des choses légères : design et développement durable*, del ecodiseñador Thierry Kazazian.

MICHAEL TOMASELLO

Es autor de Por qué cooperamos, y ha sido capaz de encontrar «respuestas de empatía y colaboración» en los niños a partir de los dos años. Contra la creencia del instinto posesivo. Tomasello asegura que los niños son «sociables y cooperativos por naturaleza» y que son las «normas culturales» que aprenden a partir de los tres años las que les acaba volviendo egoístas.

BRYAN WALSH

«Algún día miraremos al siglo XX y nos preguntaremos por qué poseíamos tantas cosas. Compartir apela al deseo de la comunidad que sentimos todos. Es ganar-ganar.»

Bryan Walsh escribió esto en su artículo para la revista *Time* del 2010, incluyendo al consumo colaborativo como una de las diez ideas que cambiarán el mundo.

OKSANA MONTE

Demostró en su tesis doctoral que el impacto sobre el medio ambiente es menor cuando el consumo compartido se da entre miembros de una misma comunidad. Pero cuando el lugar de alquiler está alejado, las emisiones de CO_2 eran mucho mayores por los desplazamientos.

Con ello destacó la importancia de la creación de nodos locales o próximos de intercambio.

Según Rachel Botsman, coautora del libro What's mine is yours: The *rise of collaborative consumption,* por lo general, un ciudadano de clase media utiliza una taladradora para hacer agujeros en la pared unos 12-13 minutos en toda su vida. Si lo pensamos bien, nuestras casas están llenas de objetos que realmente vamos a usar muy poco.

EL TÉRMINO CONSUMO COLABORATIVO SE REFIERE AL CAMBIO CULTURAL Y ECONÓMICO EN LOS HÁBITOS DE CONSUMO, MARCADO POR LA MIGRACIÓN DE UN ESCENARIO DE CONSUMISMO INDIVIDUALIZADO HACIA NUEVOS MODELOS DE INTERCAMBIO, USO COMPARTIDO, TRUEQUE O ALQUILER, POTENCIADOS POR LOS MEDIOS SOCIALES Y LAS PLATAFORMAS PEER-TO-PEER.

¿CUÁNTA GENTE TIENE EN SU CASA OBJETOS QUE NO USA HABITUALMENTE?

// compartir tu casa

No solo compartimos objetos y conocimiento, también podemos compartir nuestra casa o un pedacito de esta. En nuestros viajes, solemos hospedarnos en casa de algún familiar o amigo si estos vivían en la ciudad visitada, pero tener amigos en todos los lugares del mundo es imposible, pero no lo es conseguir alojarnos «gratis».

COUCHSURFING

Es la única de las webs que hemos comprobado personalmente y gracias a la cual pudimos viajar por toda Italia y Eslovenia, y a su vez, recibir la visita de muchos «couchsurfers».

Es una de las webs de hospitalidad internacional mas popular y pone en contacto a viajeros y anfitriones de 241 países de todo el mundo (la cifra está en constante crecimiento) permitiéndoles alojarse gratis en sus casas.

Pero la idea no es el alojamiento «gratuito» sino experimentar la cultura local del sitio que visitas a la vez que ahorras dinero y haces amigos por todo el mundo, entonces el couchsurfing es para ti. El couchsurfing es una práctica que ha crecido tremendamente estos últimos años y es muy popular entre viajeros mochileros de todas partes. La experiencia es mucho más que tener un lugar para dormir, el couchsurfing te da la oportunidad de visitar ciudades y sentirte como un local y no como un turista.

Estos intercambios son una forma única y rica de interacción cultural. Los anfitriones tienen la oportunidad de conocer a gente de todo el mundo sin salir de casa. Los «Surfers», o viajeros, son capaces de participar en la vida local de los lugares que visitan. El couchsurfing también ofrece a más gente la oportunidad de convertirse en viajeros, ya que el»surfing» reduce el coste de viajar.

En términos básicos, consiste en un grupo de gente que de forma desinteresada y gratuita ofrece sus sofás/camas/habitaciones extras/suelos a otros viajeros. Esta comunidad online tiene como base su página web couchsurfing.org, que ha crecido hasta convertirse la página de hospitalidad más importante de la web con más de 2,7 millones de miembros en más de 240 países y territorios y aproximadamente 80 mil localidades en todo el del mundo.

Adjuntamos algunas de las principales webs de intercambio. Para un listado listado más completo podéis visitar el apartado de consumocolaborativo.com sobre viajes peer-to-peer:

CouchSurfing:
• http://www.couchsurfing.org
BeWelcome
• http://www.bewelcome.org
Airbnb
• http://www.airbnb.com
Knok
• http://www.knok.com

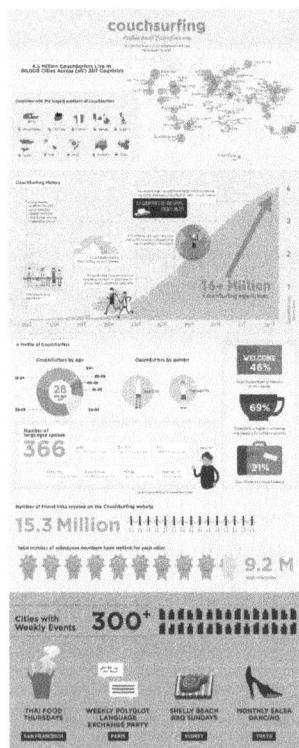

// economía circular

La economía circular es una filosofía de organización de sistemas que está inspirada en los seres vivos, que persigue el cambio de una economía lineal (producir, usar y tirar) hacia un modelo circular, tal y como ocurre en la naturaleza.

Para ello, divide los componentes de los productos en dos grupos generales: nutrientes biológicos y técnicos. Los nutrientes biológicos son biodegradables, se pueden introducir en la naturaleza después de que su valor de uso ya no sea rentable.

PRINCIPIOS

BASURA = ALIMENTO

En este enfoque desaparece el concepto de basura, desperdicios o residuos. Los productos pueden ser desmontados una vez que dejan de ser útiles, y sus componentes vuelven a formar parte de los ciclos naturales o industriales con un consumo mínimo de energía. Los nutrientes biológicos estarían compuestos de materiales totalmente biodegradables que podrían regresar a la naturaleza sin problemas y ser integrados en los procesos naturales. Los nutrientes técnicos, principalmente polímeros o aleaciones, que pueden ser reutilizados de manera sencilla y poco costosa en términos energéticos.

PENSAR EN TÉRMINOS DE SISTEMA

Independientemente de la escala, los elementos de un sistema están altamente interrelacionados mostrando, en muchas ocasiones, relaciones no lineales entre ellos. Así cuando diseñamos un sistema debemos entender las interrelaciones dentro de los elementos que lo componen además de los elementos externos.

LA DIVERSIDAD FORTALECE

Los sistemas naturales más resistentes (capacidad de un sistema para soportar una perturbación, manteniendo su estructura y funcionamiento) y resilientes (capacidad de un sistema para recuperar la estructura y el funcionamiento tras una perturbación) son los ecosistemas que están compuestos por una mayor diversidad de organismos y de interacciones entre los mismos.

En el mundo económico se puede aplicar una filosofía parecida para mejorar la respuesta a las crisis económicas y productivas. Por ejemplo, una empresa que tenga una mayor diversidad de proveedores podría resistir mejor la quiebra de uno de ellos.

NUEVO MODELO DE PROPIEDAD

La economía circular apuesta por un nuevo modelo en el que la tecnología podría ser alquilada por la empresa productora al usuario. El productor iría mejorando cada cierto tiempo el producto usando los componentes de los aparatos que van quedando obsoletos.

LA ENERGÍA DEBE PROCEDER DE FUENTES RENOVABLES

Como ocurre en la naturaleza, toda la energía procede de fuentes que se van renovando con el paso del tiempo, fundamentalmente el Sol. La economía circular apuesta por la substitución de los combustibles fósiles y nucleares por energías renovables.

LOS PRECIOS DEBEN DECIR LA VERDAD

Los precios deben reflejar el coste real del producto para favorecer un consumo racional.

// ¿y ahora qué?

Este manual es un primer paso para hacer llegar algunas de las claves de innovación y diseño social a todos aquellos que no pueden acceder a internet y todos aquellos que aman la lectura en formato papel. El segundo paso: compartir esta edición y crear juntos una segunda.

Actualizada y mejorada.

Fotografía realizada en una de las conferencias gratuitas sobre creatividad aplicada al cambio social que realizó Diseño Social EN+ en distintas ciudades de España. El título de las jornadas era: «Desarrolla tu legítima rareza»

Desde sus orígenes, Diseño Social EN+ quiso recuperar el valor del diseño como generador de soluciones y poner este al servicio de las ONGs y los movimientos sociales. Nuestro objetivo era un empoderamiento en el acceso y aplicación de innovación en el ámbito de la comunicación y el diseño.

Sin embargo, el primer gran desengaño llegó en 2010, cuando nos dimos cuenta que no podíamos ayudar a nadie. Que estábamos simplemente, poniendo parches a un problema mucho más grave. En nuestra propia forma de plantear las soluciones se encontraba la base de los problemas.

Einstein dijo: «Es de locos esperar resultados diferentes haciendo lo mismo».

Y tenía mucha razón. Habíamos escuchado muchas veces esa frase y siempre nos había parecido muy ingeniosa. Pero solo ahora la entendíamos.

Queríamos ayudar a las ONGs aplicando soluciones de comunicación, publicidad y marketing que nos habían enseñado en las escuelas de diseño y cuyo objetivo era perperpuar precisamente ese modelo económico, social y moral contra el que pretendíamos luchar.

MUCHA GENTE PEQUEÑA, EN LUGARES PEQUEÑOS, HACIENDO PEQUEÑAS COSAS, PUEDE CAMBIAR EL MUNDO. PROVERBIO AFRICANO

Una comunicación basada en generar necesidades de consumo y un diseño basado en el valor meramente estético y prostituido desde su base por la obsolescencia programada.

Decidimos entonces comenzar desde cero. Crear grupos de investigación y colaboración con distintas asociaciones y profesionales para crear procesos de innovación y creatividad aplicada que nos ayudasen a ofrecer soluciones éticas y funcionales. Soluciones reales.

En estos grupos de investigación buscamos una comunicación que contribuya a una sociedad más justa socialmente, horizontal y participativa. Buscamos un desarrollo económico basado en pagar un precio justo por las cosas y ofrecer un precio justo por ellas. Un desarrollo basado en el trabajo de calidad, sincero e innovador que implique un cambio social dirigido a la comunidad.

No es el reparto injusto de los recursos nuestro mayor problema. La mayor escasez no es de energía, de petróleo, agua potable o comida, sino de liderazgo en innovación social y del valor necesario para su aplicación.

Comprometidos con la realidad (científica, ética y personal) la sociedad puede encontrar soluciones a la pobreza, cura y pre-

vención de enfermedades, e inestabilidad emocional que nos afectan. Y sin embargo, el sistema establecido aborrece la realidad y la combate sin tregua cualquier alternativa por miedo a perder su hegemonía. Insistimos en malgastar nuestros esfuerzos exigiendo o suplicando a aquellos que no desean cambiar las cosas, que lo hagan.

El reto que les lanzamos es: ¿por qué no cambiarlo nosotros?

¿Y ahora qué? Ahora debemos sacar a las calles todo lo aprendido en estas páginas. Experimentar qué funciona y qué no. Analizar cómo mejorar los procesos, cómo crear sinergias, cómo optimizar recursos. Desde la práctica. Si tienes una idea o proyecto, tan solo escríbenos y te ayudaremos a sacarlo adelante. Si crees que este libro puede mejorarse, actualizarse o ampliarse, tan solo escríbenos y editemos juntos un nuevo MANUAL DE DISEÑO SOCIAL 2.0 que nos ayude a compartir experiencias e inspirar nuevas metas.

manual@disenosocial.org

¡gracias por hacer posible este proyecto!

www.ingramcontent.com/pod-product-compliance
Lightning Source LLC
Chambersburg PA
CBHW070918270326
41927CB00011B/2628